今日から使える手抜き冷凍保存手帖

時間ができる　お金がたまる　野菜がとれる

村上祥子
Sachiko MURAKAMI

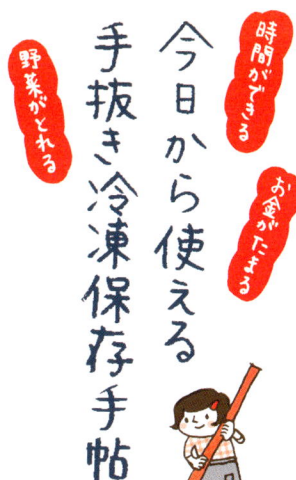

ブックマン社

冷凍庫を
上手に使えば
いつでも新鮮野菜が
食べられる

肉や魚は冷凍保存しているけど
生の野菜って冷凍するとどうなるの？

ならば、と、やってみました。

シャリシャリシャリ……半解凍したトマトは
シャーベット状でなんとも言えないおいしさ！
皮もツルっとむけて面倒な湯むきの必要なし。
ブロッコリーやアスパラ、いんげんなど
水分の少ない野菜は半解凍で冷凍前の状態に。
大根やキャベツは適度に水分が抜けて
生とはまた違う食感が楽しめます。
きゅうりはシャキシャキ感こそ消えますが
絞って酢のものに使うなら
塩もみの手間が省けて調理時間の短縮にも。

vegetables

meats

fish and shellfish

staple food

et cetera

冷凍できない食材は、基本的にありません。
また、冷凍保存に高度なワザも
ムダな手間ひまをかける必要もありません。
普段とりあえず冷凍庫に入れている肉や魚も
冷凍のコツをちょっとおさえるだけで
誰でも簡単に、失敗なく保存できます！

夜遅く帰宅して、そこに新鮮食材があったら。
そしてコンビニ弁当を温めるのと
さほど変わらない時間で簡単に一品作れたら。
忙しいあなたの料理の幅もグッと広がるかも。
この本を手に取ってくれたあなたに
食材と時間（とお金！）をムダにしない
シンプルなフリージング生活を約束します。

村上祥子

Contents もくじ

まえがき ———————————————————— 2

実践前におさえておきたい
冷凍 & 解凍の心得

フリージングのお約束5か条 ———————————— 8
解凍のコツ！〜祥子流・魔法の法則〜 ——————— 11
おうちで冷凍保存できる食材 ———————————— 12

おうちで実践！
食材別冷凍 & 解凍法

野菜 ———————————————————— 14

トマト 14 ／ きゅうり 15 ／ かぶ・大根・にんじん 16
キャベツ・白菜・レタス 17 ／ 水分の少ない野菜 18
葉もの 20 ／ にら 21 ／ 玉ねぎ 21 ／ もやし 21
いも類・れんこん・かぼちゃ 22 ／ 薬味・香味野菜 24
しょうが 25 ／ にんにく 25 ／ ゆず・かぼす 25

肉 ————————————————————— 26

ひき肉 26 ／ 薄切り肉 28 ／ 牛赤身肉・豚もも肉・ステーキ 29 ／ 鶏肉 32 ／ レバー 34 ／ 脂肪の多い肉 35
ベーコン・ハム 36 ／ ソーセージ 37

魚介 ———————————————————— 38

マグロのさく 38 ／ 一尾 41 ／ 切り身 44 ／ 貝 45
エビ・イカ・タコ・明太子 46
干物・しらすぼし・ちりめんじゃこ 47

主食 ———————————————————— 48

ごはん 48 ／ パン 50 ／ 麺 51

惣菜・加工品　その他 ————————————— 52

ミートソース・カレー・シチュー 52
ハンバーグ・揚げ物 53 ／ 焼きぎょうざ・しゅうまい・
肉まん 54 ／ 煮物 55 ／ 漬物 55 ／ 納豆 56
油揚げ・厚揚げ 56 ／ 豆腐 57 ／ こんにゃく 57
かまぼこ 58 ／ 卵 58 ／ ヨーグルト・バター・チーズ 59
生クリーム 59 ／ チョコレートケーキ・ショートケーキ・
和菓子 60 ／ フルーツ 60

冷凍庫で鮮度をキープ —— 62

冷凍食材をおいしく食べる
ムダなし簡単レシピ31

野菜のレシピ —— 64
丸ごとトマトのスープ 64 ／ ミニトマトのマリネ 65
かぼちゃのポタージュ 66 ／ かぼちゃのサラダ 67
青菜のおひたし 68 ／ いんげんのごまあえ 69
パプリカのサラダ 70 ／ ポテトサラダ 71
ふろふき大根 72 ／ きのこのマリネ 74
即席ミネストローネ 76 ／ ハノイ鍋 78

肉のレシピ —— 80
鶏のから揚げ 80 ／ 豚肉のしょうが焼き 82
麻婆豆腐 84 ／ 牛丼 86 ／ スペアリブの甘酢煮 88

魚介のレシピ —— 90
マグロの山かけ 90 ／ ぶりの照り焼き 92
さんまの梅煮 94 ／ あじの煮付け 96
エビのチリソース煮 98 ／ イカのつや煮 100
あさりのスパゲティ 102

主食のレシピ —— 104
きのこのリゾット 104 ／ オムライス 106
ざるうどん鴨南蛮風 108
ハムと甘酢しょうがのサンドイッチ 110

その他のレシピ —— 112
いり豆腐 112 ／ 凍みこんにゃくの土佐煮 114
かつ煮弁当 116
祥子流フローズン弁当 —— 118

冷蔵庫のおはなし —— 119

冷凍食材別レシピ INDEX —— 127

本書の使い方

- 電子レンジは600Wのものを基準にしています。500Wのものをお使いの場合、特に表示がないときは、加熱時間を2割増しして下さい（2分→約2分25秒／3分→約3分35秒）。
  また、冷凍食材を半解凍するときなどに使う「電子レンジ弱」キーは、お使いの電子レンジに応じて「100W」「150W」「170W」「200W」または「解凍」キーをご使用下さい。
  ※機種や食材の状態により、熱効率は変わります。様子を見ながら加熱時間を調節して下さい。

- 冷凍保存の際に使用するポリ袋は、食材に空気が触れて劣化するのを防ぐためのものです。チャック付きのポリ袋で密閉するのが好ましいですが、しっかりと口を閉じればチャック付きである必要はありません。本書では、特に野菜の冷凍方法のページでチャック付きでないポリ袋を使用しています。口の閉じ方を参考にして下さい。

- 計量の単位は小さじ1＝5ml、大さじ1＝15ml、1カップ＝200mlです。

- 調理時間には食材の冷凍時間や下味の漬け込み時間は含まれません。

- カロリー、塩分の数値は1人分を表示しています。

- P63「ムダなし簡単レシピ31」で使用している冷凍食材は、P13「食材別冷凍＆解凍法」に準じて冷凍したものです。また、冷凍食材の写真は、材料の分量を表したものではありません。

Freezing manual

実践前におさえておきたい
冷凍 & 解凍の心得

冷凍に大切な5つのポイントと
失敗しないレンジ解凍の法則。
「面倒」で「苦手」な冷凍保存も
これさえ守れば誰でも簡単!

フリージングのお約束5か条

「冷凍したら味が落ちた」
「これ、いつ冷凍したっけ？」
フリージングの失敗には、理由があります。
まずはこの5つの約束を守って、
上手にホームフリージングしましょう。

1 とにかく急速冷凍

　食品を急速に冷凍すると、中の水分は小さな氷の結晶になり、細胞膜が破壊される割合が少なくてすみます。反対に冷凍に時間がかかると、氷の結晶は大きくなり、組織を破壊して解凍したときにドリッピング（うまみを含んだ細胞液）が流れ出てしまうため、品質が悪くなります。家庭用冷蔵庫の冷凍室では冷凍力も容量も限界がありますが、ちょっとした工夫で〈急速に凍らせる〉ことを心がけましょう。お使いの冷蔵庫の冷凍室に急速冷凍機能や速凍ルームがあれば、必ず使って下さい。

2 プラスチックの密閉容器は中身の見える透明なものを

中身の見えない不透明な容器は、何を保存していたのかを把握するのにとても不便です。せっかく冷凍保存しても、保存したことを忘れてしまっては無意味。シールを貼って記名しておくのもよいですが、記名し忘れたり、そんな時間がないという場合も多いので、密閉容器やポリ袋はなるべく中身が見える透明なものを選びましょう。

3 小さく薄くぴっちり包み空気を抜いてポリ袋へ

1パックの量が多いほど、凍るまでに時間がかかります。急速冷凍には、1 小分けにする、2 薄くパックする、3 厚みを均一にする、この3つのポイントを守り、空気を抜いてラップでぴっちり包みましょう。そして必ずポリ袋に入れること。ラップは空気を通して食品を酸化させてしまうため、ラップだけでは不十分。小分けにする必要のない野菜なども、必ずポリ袋に入れて下さい。また、食品を小分けにする際は、家族の人数や使いやすい分量を考えて分けるようにしましょう。

4 アルミトレイを利用する

　食品を小分けにしてラップで薄くぴっちり包み、ポリ袋に入れて密封した後は、アルミなどの金属製トレイにのせて冷凍しましょう。熱伝導率がよいので、急速に温度を下げられます。アルミホイルで包むだけでも効果あり。

5 保存期間は1か月を目安に

　肉、魚介類、野菜など、どんな食品でも、おいしく食べるには冷凍開始後1か月を目安に使い切るのが賢明です。ただし、お茶、昆布、小豆などの乾物類は6か月まで保存できます。

解凍のコツ！
~ 祥 子 流・魔 法 の 法 則 ~

　肉、魚介類、野菜など、どんな食品でも100ｇにつき電子レンジ弱キーで２分加熱すると、包丁が入る程度の半解凍になります。

　生ものの解凍はもどしすぎないことが大切。特に、肉や魚はもどしすぎるとうまみが流れ、おいしさが半減してしまいます。

　解凍するときは、指で触ってみて、芯が残るくらいの半解凍にとどめましょう。

Point　　正確なグラム数で加熱時間を算出する

冷凍した食品の重さを量るため、スケール（ばねばかりやデジタル式）を用意しておきましょう。食品は冷凍前と後で重さが変わることはないので、冷凍前に解凍しやすい量に分け、グラム数を記入しておくと便利です。

Memo　　電子レンジには凍ったまま入れよう

電子レンジはマイクロ波を食品にあてて加熱しますが、このマイクロ波は水分の多いところに集中するため、食品を半分溶けた状態で電子レンジに入れると、マイクロ波が均等にあたらず加熱にムラができてしまいます。電子レンジに冷凍した食品を入れるときは、冷凍室から出して溶かさずに、カチカチに凍った状態で入れて下さい。

おうちで冷凍保存できる食材

野菜

- トマト
- きゅうり
- かぶ・大根・にんじん
- キャベツ・白菜・レタス
- 水分の少ない野菜
- 葉物（ほうれん草、小松菜など）
- 薬味・香味野菜 （万能ねぎ・みつばなど）
- いも類・根菜
- 玉ねぎ

肉

- 薄切り肉
- 厚切り肉
- ひき肉
- レバー
- ソーセージ・ハム

魚介類

- 一尾魚
- 切り身
- 刺身
- 貝
- エビ・イカ・タコ・明太子
- 干物

その他

- ごはん・パン・麺
- 残り物の惣菜
- ケーキ・和菓子
- 卵
- 乳製品・フルーツ

冷凍後の変化を利用！

- こんにゃく
- 豆腐
- かまぼこ

鮮度をキープ！

- 調味料
- スパイス
- 乾物
- お茶

Freezing technic

おうちで実践！
食材別冷凍 & 解凍法

冷凍に手間もワザも必要なし！
簡単＆スピーディーで
味落ちさせない冷凍テクニックを
食材別に解説します。

野菜

生野菜は冷凍できないというのが
今までのフリージングの常識。
ところが、祥子流では
生のままでも冷凍OK。
使い残してしまいがちな野菜も
最後までおいしく食べられます。

トマト

Point

冷凍したトマトは、水に入れると皮がはじけ、スルッと簡単に皮むきができます。

準備&冷凍 へたをとり、1個ずつポリ袋に入れて冷凍。

解凍 ポリ袋からとり出し、100gにつき電子レンジ弱キーで2分加熱し、半解凍。スープに使うときは解凍せず、凍ったまま調理加熱。

冷凍トマトを使ったレシピ ➡ P64「丸ごとトマトのスープ」
　　　　　　　　　　　　　P65「ミニトマトのマリネ」

きゅうり

準備&冷凍 3mm幅の輪切りにし、1本分ずつポリ袋に入れて冷凍。

解凍&調理 自然解凍。
または、ポリ袋からとり出し、ラップをせずに1本分につき電子レンジ弱キーで2分加熱し、半解凍。絞って［きゅうりもみ］に。

パパっと簡単 cooking

きゅうりもみ 2人分　調理時間5分　28kcal　塩分0.5g

砂糖・酢各大さじ1、しょうゆ小さじ1をボウルに合わせ、もどして2cm幅に切ったわかめ20g、ちりめんじゃこ大さじ1、解凍して絞ったきゅうりの輪切り1本分を加えて混ぜる。

かぶ・大根・にんじん

準備

かぶ 葉は切り落とす(葉の冷凍&解凍法はP20を参照)。皮をむいて一口大に切る。または切らずに丸ごと。

大根 1cm角5cm長さの拍子木切りにする。ふろふき大根用は、1個100gの輪切りにし、皮をむいて面取りをする。

にんじん ピーラーで薄切りにする。または乱切り、さいの目切りに。

冷凍 ポリ袋に入れて冷凍。

解凍 ポリ袋からとり出し、100gにつき電子レンジ弱キーで2分加熱し、半解凍。ゆでた状態で使用する場合は100gにつき電子レンジで2分加熱。

パパっと簡単 cooking

かぶのたまり漬け 2人分　調理時間5分　14kcal　塩分0.6g

一口大に切った冷凍かぶ100gに、しょうゆ小さじ2をまぶし、自然解凍する。

にんじんのグラッセ 2人分　調理時間5分　29kcal　塩分0.2g

冷凍にんじん100gを電子レンジで2分加熱し、砂糖小さじ1、サラダ油小さじ½、塩少々を加えて混ぜる。

冷凍大根を使ったレシピ➡P72「ふろふき大根」
冷凍にんじんを使ったレシピ➡P78「ハノイ鍋」

キャベツ・白菜・レタス

準備&冷凍

キャベツ・白菜
200gずつ切り分ける。半端に残ったものは一口大にちぎる。ポリ袋に入れて冷凍。

レタス 一口大にちぎり、100gずつ小分けにしてポリ袋に入れて冷凍。

解凍

キャベツ・白菜 ポリ袋からとり出し、100gにつき電子レンジ弱キーで2分加熱し、半解凍。ゆでた状態で使用する場合は100gにつき電子レンジで2分加熱。

レタス 調理加熱。

パパっと簡単 *cooking*

コールスローサラダ 2人分　調理時間5分　65kcal　塩分0.6g

冷凍キャベツ200gを電子レンジ弱キーで4分加熱して半解凍し、せん切りにする。あればにんじん20gをせん切りにして加え、パセリのみじん切り少々、サラダ油・酢各大さじ1、塩小さじ⅓、こしょう少々を加えて混ぜる。

キャベツのごまあえ 2人分　調理時間5分　73kcal　塩分1.3g

耐熱ボウルに冷凍キャベツ200gを入れ、ふんわりとラップをかけて電子レンジで4分加熱する。さっと水にくぐらせ、ざく切りにして絞り、砂糖・しょうゆ・すりごま各大さじ1であえる。

冷凍キャベツを使ったレシピ➡P78「ハノイ鍋」

水分の少ない野菜

ブロッコリー、カリフラワー、ピーマン、パプリカ、アスパラガス、そらまめ、グリーンピース、オクラ、さやいんげん、なす、きのこ

準備

ブロッコリー・カリフラワー
　小房に分け、茎は皮をむいて2〜3つに切る。100gずつ小分けにする。

ピーマン・パプリカ　切らずに丸ごと。

アスパラガス　茎の下の硬いところを3cmほど切り落とし、4cm長さに切る。1束分（100g）ずつ分ける。

そらまめ・グリーンピース　さやから出し、50gずつ小分けにする。

オクラ　へたの先と実の先端を切り落とす。へたのまわりのガクをくるりとむきとる。50gずつ小分けにする。

さやいんげん　へたを切り落とし、すじを取る。50gずつ小分けにする。

なす　丸ごと。

きのこ　しめじ、えのきは石づきを取ってほぐし、しいたけは石づきを取って薄切りにする。単品またはミックスで100gずつ小分けにする。エリンギは切らずに丸ごと。

冷凍 ポリ袋に入れて冷凍。

解凍 ポリ袋からとり出し、耐熱ボウルに入れ、ふんわりとラップをかける。100gにつき電子レンジで2分加熱。

パパっと簡単 cooking

アスパラサラダ 2人分　調理時間3分　24kcal　塩分0.0g

耐熱ボウルに冷凍アスパラガス100gを入れ、ふんわりとラップをかける。電子レンジで2分加熱。皿に盛り、マヨネーズ小さじ1～2をかける。

オクラのさっとゆで 2人分　調理時間4分　36kcal　塩分0.1g

耐熱ボウルに冷凍オクラ50gを入れ、水½カップを注ぐ。両端を少しずつあけてラップをかけ、電子レンジで3分加熱。湯をきって器に盛り、マヨネーズ小さじ2とおろしにんにく少々を横に添える。

冷凍パプリカを使ったレシピ ➡ P70「パプリカのサラダ」
冷凍さやいんげんを使ったレシピ ➡ P69「いんげんのごまあえ」
冷凍きのこを使ったレシピ ➡ P74「きのこのマリネ」
　　　　　　　　　　　　➡ P104「きのこのリゾット」

葉もの

ほうれん草、小松菜、春菊、菜の花、
チンゲン菜、タアサイ、かぶの葉など

Point

生でも冷凍できますが、スペースがないときはゆでて冷凍
しておけば、必要だけすぐ使えます。

準備 ゆでて冷水にとり、絞って3cm長さに切る。

冷凍 100gずつラップで包み、ポリ袋に入れて冷凍。

解凍 ゆでた状態で使う場合は、ラップをはずし、耐熱皿にペーパータオルを敷いて必要量をのせ、100gにつき電子レンジで2分加熱。水にとって絞ればおひたしに。
バター炒め、スープやカレーの具などに使う場合は、解凍せずに凍ったまま調理加熱。

冷凍青菜を使ったレシピ➡P68「青菜のおひたし」

にら

 4〜5cm長さに切り、ポリ袋に入れて冷凍。

 解凍せず、凍ったまま調理加熱。

冷凍にらを使ったレシピ ➡ P78「ハノイ鍋」

玉ねぎ

 くし形切りやみじん切りなど使いやすい形に切り、100gずつ小分けにしてポリ袋に入れて冷凍。

 100gにつき電子レンジで2分加熱。

冷凍玉ねぎを使ったレシピ ➡ P78「ハノイ鍋」

もやし

 ポリ袋に入れて冷凍。使用する際は、解凍せず凍ったまま調理加熱。

冷凍もやしを使ったレシピ ➡ P78「ハノイ鍋」

いも類・れんこん・かぼちゃ

じゃがいも・里芋 皮つきのまま、切らずにまとめてポリ袋に入れ、冷凍。

さつまいも 皮をむいて1cm幅の輪切りにし、水にさらしてざるへあげ、100gずつ小分けにする。ポリ袋に入れて冷凍。

長芋 皮をむいて50gずつ小分けにする。ポリ袋に入れ、袋の外からたたいて砕き、そのまま冷凍。

れんこん 皮をむいて乱切りにし、100gずつ小分けにする。ポリ袋に入れて冷凍。

かぼちゃ 種とワタを除き、8等分(約150g)に切り分ける。ポリ袋に入れて冷凍。

解凍 ポリ袋からとり出し、100gにつき電子レンジ弱キーで2分加熱し、半解凍。ゆでた状態で使用する場合は、100gにつき電子レンジで2分加熱。

パパっと簡単 cooking

れんこんのきんぴら 2人分 調理時間5分 50kcal 塩分0.5g

耐熱ボウルにペーパータオルで包んだ冷凍れんこん100gを入れ、電子レンジで2分加熱。ペーパータオルをとってボウルにもどし、砂糖・しょうゆ各小さじ1、ごま油小さじ½、赤唐辛子の輪切り2個を加え、ラップをせずに電子レンジで1分加熱。

長芋の明太子あえ 2人分 調理時間3分 42kcal 塩分0.4g

冷凍長芋50gを電子レンジ弱キーで1分加熱し、半解凍する。薄皮を除いた辛子明太子大さじ1であえる。

冷凍じゃがいもを使ったレシピ ➡ P71「ポテトサラダ」
冷凍かぼちゃを使ったレシピ ➡ P66「かぼちゃのポタージュ」
➡ P67「かぼちゃのサラダ」

残りものの野菜をまとめて

冷凍　残ったにんじん、かぼちゃ、れんこん、玉ねぎなどを1〜1.5cm角に切り、200gずつ小分けにしてポリ袋に入れて冷凍。

解凍　ポリ袋からとり出し、100gにつき電子レンジ弱キーで2分加熱し、半解凍。ゆでた状態で使用する場合は、100gにつき電子レンジで2分加熱。

パパッと簡単 cooking

根菜サラダ 2人分　調理時間5分　82kcal　塩分0.5g

耐熱ボウルに冷凍した根菜ミックス200gを入れ、ふんわりとラップをかける。電子レンジで4分加熱し、オリーブオイル小さじ2、酢小さじ1、塩小さじ¼、こしょう少々をふりかけて混ぜる。

冷凍根菜ミックスを使ったレシピ ➡ P76「即席ミネストローネ」

薬味・香味野菜

万能ねぎ、長ねぎ、みつば、せり、
香菜、パセリ

Point

ちょっとあると便利な薬味や香味野菜は、使いやすい形に刻んで冷凍。いつでも使えるように。

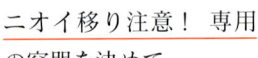 **万能ねぎ・長ねぎ・みつば・せり・香菜**

小口切りにし、密閉容器に入れて冷凍。
ニオイ移り注意！ 専用の容器を決めて。

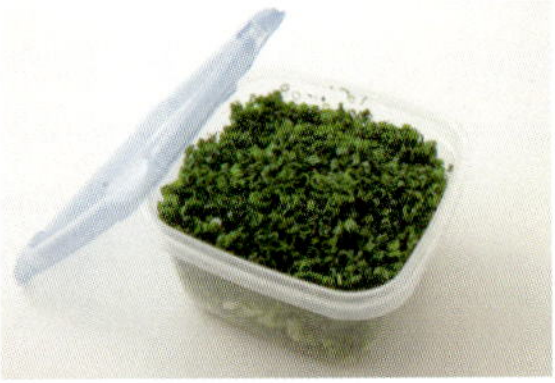

パセリ 洗ってギュッと絞り、ペーパータオルで水けを十分にとる。葉だけをつみとってポリ袋に入れて冷凍。

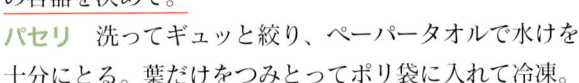 必要な量だけ取り出し、解凍せずに使用。
パセリは凍ったまま袋の外からもみほぐせば、包丁を使わなくてもみじん切りに。

しょうが

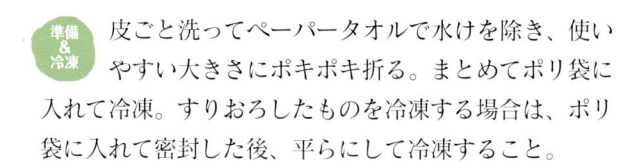

準備&冷凍 皮ごと洗ってペーパータオルで水けを除き、使いやすい大きさにポキポキ折る。まとめてポリ袋に入れて冷凍。すりおろしたものを冷凍する場合は、ポリ袋に入れて密封した後、平らにして冷凍すること。

解凍 凍ったまますりおろすと、キメの細かいおろししょうがに。冷凍おろししょうがなら、平らに凍ったものを必要な量だけポキポキ折り、そのまま調理。

にんにく

準備&冷凍 皮をむき、ポリ袋または密閉容器に入れて冷凍。

解凍 必要な量だけ取り出し、2～3分常温に置いて自然解凍。

ゆず、かぼすなど

冷凍&解凍 皮はむかず、そのままポリ袋に入れて冷凍。使用する際は、解凍せず、必要な分だけ皮をそぎとる。残りは、ポリ袋にもどして冷凍。

肉

meats

肉の解凍は半解凍が基本です。
まずはひき肉でフリージングと
解凍法の基礎をマスターしましょう。
いろいろな料理に使える薄切り肉は
冷凍保存で常備すれば便利。
冷凍の苦手な肉は下味をつけて冷凍庫へ。

ひき肉

準備 1 パックごとひっくり返し、ラップをはがして広げ、トレイをはずす。

2 空気を押し出しながら、広げたラップでひき肉を包む。表に返して平らにする。<u>厚みは1.5cm以内で。</u>

3 ポリ袋に入れて密封。シールを見れば部位、日付、重量が一目瞭然！

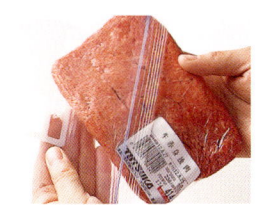

冷凍　金属製のトレイにのせて冷凍。アルミホイルで包んでもOK。

解凍　1 ラップをはずし、2つ折りのペーパータオルを敷いた耐熱皿にのせる。

2 100gにつき電子レンジ弱キーで2分加熱し、半解凍。敷いておいたペーパータオルが、解凍時のドリッピングを吸いとります。

冷凍豚ひき肉を使ったレシピ➡P84「麻婆豆腐」

薄切り肉

準備 使いやすい大きさに切り分け、100ｇずつ小分けにする。

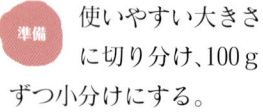

冷凍 ラップで包み、ポリ袋に入れて冷凍。

解凍 ラップをはずし、ペーパータオルを敷いた耐熱皿に必要量をのせ、100ｇにつき電子レンジ弱キーで２分加熱。半解凍してから調理する。

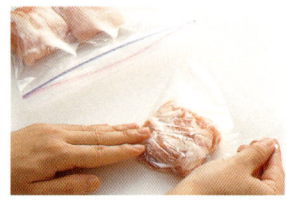

冷凍豚薄切り肉を使ったレシピ➡ P82「豚肉のしょうが焼き」
冷凍牛こま切れ肉を使ったレシピ➡ P86「牛丼」

牛赤身肉・豚もも肉・ステーキ

Point

脂肪の少ない赤身肉は中の水分が大きな結晶になりやすく、解凍時にドリッピングが出て味が落ちやすいのが難点。でも下味をつけて冷凍すれば問題解決！

準備 ステーキ肉1枚（100g）の両面に塩小さじ¼、おろしにんにく小さじ½、こしょう少々、サラダ油小さじ1をぬりつける。

冷凍 ラップで包み、ポリ袋に入れて冷凍。

解凍 ラップをはずし、ペーパータオルを敷いた耐熱皿にのせる。1枚につき電子レンジ弱キーで約2分加熱。半解凍してから調理する。

下味 ➡ 冷凍 ➡ 焼く

上等ステーキ

調理時間 **15**分
216kcal
塩分0.9g

作り方

1.  耐熱皿にペーパータオルを敷き、冷凍ステーキ肉2枚をラップをはずしてのせる。電子レンジ弱キーで4分加熱し、半解凍。10分室温において常温にもどす。

2. 中火で温めたフライパンにサラダ油を入れ、**1**を表側を下にして並べる。ときどき持ち上げて肉の下に油をまわしながら強火で30秒ほど焼き、中火にしてさらに1分、上下を返してさらに1分焼く。

3. ここで火を止めればレア。弱火でさらに1分焼くとミディアム。2分焼くとウェルダンの仕上がり。

4. 器に盛り、**A**を合わせて温めた［ソース］をかける。

材料(2人分)

- 牛肉(ランプステーキ用100g・冷凍) 2枚(200g)
  ※P29の方法で下味をつけたもの
- サラダ油 大さじ1

［ソース］
- **A** ┌ 赤ワインまたは酒 大さじ2
      └ ウスターソース・トマトケチャップ 各大さじ1

下味 ➡ 冷凍 ➡ 加熱

調理時間 **10**分
176kcal
塩分2.2g

豚肉のみそ漬け焼き

作り方

1. 豚肉は表面の水分をふきとる。Aを混ぜ合わせて［みそ床］を作る。

2. **冷凍** クッキングシートに［みそ床］大さじ1をぬり、その上に豚肉を1枚のせ、肉の上に［みそ床］大さじ1をぬってクッキングシートで包む。もう1枚も同様にし、ポリ袋に平らに並べ入れ、金属製のトレイにのせて一晩以上冷凍する。

3. **解凍&加熱** 2をクッキングシートに包んだままフライパンにのせ、両面を中火で1分ずつ焼く。クッキングシートごと耐熱皿にのせ、2枚につき電子レンジで6分加熱する。

4. 器に盛り、万能ねぎをふった大根おろしとレモンを添える。

材料（2人分）

豚肉（とんかつ用100g）
　　　　　　　——2枚（200g）
大根おろし———— 150g
万能ねぎ———— 少々 ●小口切り
レモン————2切れ ●くし形切り

［みそ床］
A ┌ みそ ————50g
　└ 砂糖・牛乳 —— 各大さじ1

鶏肉

準備 1枚ずつならそのまま。あるいは一口大に切ったものを200gずつ小分けにしてラップで包む。

冷凍 ポリ袋に入れて密封し、金属製のトレイにのせ、平らにして冷凍。

解凍 ラップをはずし、ペーパータオルを敷いた耐熱皿にのせる。100gにつき電子レンジ弱キーで2分加熱。半解凍してから調理する。

冷凍鶏肉を使ったレシピ ➡ P78「ハノイ鍋」
　　　　　　　　　　　➡ P80「鶏のから揚げ」

下味 ➡ 冷凍 ➡ レンジ調理

鶏肉の梅じょうゆ焼き

調理時間 **10**分
252kcal
塩分2.3g

作り方

1. ポリ袋にAを入れ、袋の外から梅肉をつぶすようによくもむ。

2. （冷凍）鶏肉は表面の水分をよくふき、1の袋に入れる。空気を抜いて口を閉じ、金属製のトレイにのせて一晩以上冷凍する。

3. （解凍&加熱）ポリ袋から冷凍鶏肉をとり出して耐熱皿にのせ、ふんわりとラップをかけて電子レンジで6分加熱。

材料（2人分）

鶏もも肉――――1枚（300g）
［梅じょうゆ］
A ┌ 梅干――――1個●種を除く
　└ しょうゆ――――大さじ2

レバー

Point
レバーはサラダ油をまぶして冷凍することで、味落ちを防ぎます。

準備 1 縦に切って、血のかたまりを包丁の先で除き、脂肪や筋も除く。

2 ポリ袋または密閉容器に入れ、100ｇにつきサラダ油小さじ１をまぶす。なるべく温度が伝わらないように注意しながら、指先でもむ。

冷凍 密閉して冷凍。

解凍 ポリ袋から出してペーパータオルを敷いた耐熱皿にのせ、100ｇにつき電子レンジ弱キーで２分加熱。半解凍してから調理する。

脂肪の多い肉

スペアリブ、霜降り肉、バラ肉など

##

脂肪の多いスペアリブなどは、冷凍しても中の水分が大きな氷の結晶にならず、味落ちしないのが特徴。

準備 使いやすい量に小分けにし、ラップで包む。

冷凍 ポリ袋に入れて冷凍。

解凍 ラップをはずし、ペーパータオルを敷いた耐熱皿にのせ、100ｇにつき電子レンジ弱キーで2分加熱。半解凍してから調理する。

冷凍スペアリブを使ったレシピ➡P88「スペアリブの甘酢煮」

ベーコン・ハム（薄切り）

準備 ベーコンは長さを2～3等分に切る。ハムはそのまま。

冷凍 3～5枚ずつをクッキングシート（またはラップ）にのせ、くっつかないように蛇腹状にラップをはさみ、ポリ袋に入れて冷凍。

解凍 解凍せず、凍ったまま調理加熱。ハムを冷凍前の状態にもどす場合は、クッキングシート（またはラップ）をはずしてペーパータオ

ルを敷いた耐熱皿にのせ、3～5枚につき電子レンジ弱キーで30秒加熱し、半解凍する。
ベーコンもハムも水分が少ないので、凍ったまま切ることができます。

冷凍ハムを使ったレシピ ➡ P110
「ハムと甘酢しょうがのサンドイッチ」

ソーセージ

Point

脂肪が練り込まれてあるソーセージは冷凍向きの食品。
1パックを使いきれなかったときなどは、冷凍しておくのがおすすめです。

準備 使いやすい量に小分けにし、ラップで包む。

冷凍 ポリ袋に入れて冷凍。

解凍 解凍せず、凍ったまま調理加熱。
冷凍前の状態にもどす場合は、ラップをはずしてペーパータオルを敷いた耐熱皿にのせ、2本(30g)につき電子レンジ弱キーで30秒加熱し、半解凍する。

魚介 *fish and shellfish*

魚も肉と同様に
電子レンジ弱キーでの半解凍が基本です。
ただし、タンパク質分解酵素を含むエビは
流水で酵素を流しながら解凍すること。
一尾魚は鮮度がよければ丸ごと冷凍！
半解凍なら血も出ずおろすのもラクです。

マグロのさく（刺身）

Point

マグロに含まれるヘモグロビンは空気に触れると劣化し、味を著しく損ないます。刺身用のマグロを冷凍する際は、劣化防止のため、必ずラップでぴっちり包むようにしましょう。

準備 切らずにそのままラップで包み、ポリ袋に入れて密封。

冷凍　金属製のトレイにのせて冷凍。

解凍　1　ラップをはずし、2つ折りのペーパータオルを敷いた耐熱皿にのせ、100gにつき電子レンジ弱キーで2分加熱し、半解凍。

2　表面の水分をペーパータオルで除く。

3　7～8mm幅の引造りにする。

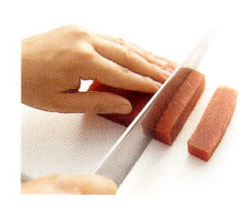

冷凍マグロを使ったレシピ➡ P90「マグロの山かけ」

ぴっちり包んで冷凍 ➡ 生で

ごちそうお刺身

調理時間 **5**分
73kcal
塩分0.8g

作り方

1. 解凍 冷凍マグロは包んでいたラップをはずし、2つ折りのペーパータオルを敷いた耐熱皿にのせる。ふんわりとラップをかけて電子レンジ弱キーで4分加熱。1cm幅の引造りにする。

2. 器にみょうがを盛り、青じそをたてかけ、1を盛る。きゅうりの上に練りわさびをのせ、かぼすとともに刺身に添える。しょうゆでいただく。

材料(2人分)

マグロ（冷凍）―――――1パック(200g)
青じそ―――――――――2枚
みょうが――――――――2本
　●せん切り（冷水に放し、手でもんでほぐす）
きゅうり――5cm ●2つに切る
かぼす―――――――――1個
しょうゆ――――――――適量
わさび―――――――――少々

一尾

あじ、いわし、さんま、さば、きんめだいなど

Point

鮮度がよければ、一尾を丸ごと冷凍！ 半解凍しておろすと、血も出ず、内臓も固まっているので取るのがラクです。ただし、下処理が苦手な人は、購入時に売り場でおろしてもらいましょう。

準備&冷凍 内臓は取らず、丸ごとポリ袋に入れて冷凍。※しめさば、生干しにする場合は冷凍前に下処理が必要です（P42〜43参照）。

解凍 ポリ袋から出してペーパータオルを敷いた耐熱皿にのせ、100ｇにつき電子レンジ弱キーで2分加熱し、半解凍。うろこ、ぜいご、内臓、エラを取り、水で洗う。表面の水分をペーパータオルで除く。

冷凍さんまを使ったレシピ ➡ P94「さんまの梅煮」
冷凍あじを使ったレシピ ➡ P96「あじの煮付け」

下味 ➡ 冷凍 ➡ 生で

しめさば

調理時間 **10**分
148kcal
塩分1.6g

作り方

1. **冷凍** ポリ袋に酢と塩を入れ、塩を溶かす。昆布とさばを加え、酢をいきわたらせて空気を抜いて口を閉じ、金属製のトレイにのせて一晩以上冷凍する。

2. **解凍** ポリ袋から冷凍さばをとり出し、表面の酢をペーパータオルで除く。2つ折りのペーパータオルを敷いた耐熱皿にのせ、電子レンジ弱キーで1分加熱。半解凍の状態で頭のほうから薄皮をはがし、ひと息に尾までむく。

3. 身の中央の血合いの小骨を毛抜きで除き、引造りにする。

4. 大根、青じそ、しょうがとともに器に盛り、しょうゆを添える。

材料(2人分)

さば（三枚におろしたもの）	しょうが ½かけ ●せん切り
1枚（150g）	しょうゆ 適量
昆布(5cm角) 1枚	
酢 大さじ2	
塩 大さじ1	
大根 5cm ●せん切り	
青じそ 4枚	

下処理 ➡ 冷凍 ➡ 焼く

あじの生干し

調理時間 **10**分
120kcal
塩分1.7g

作り方

1. あじは、頭を縦２つに割り、胸びれの下から腹に包丁の刃先を入れて内臓をかき出す。洗って水けを除き、身を切り開く。

2. **冷凍** 塩をふって10分おき、水けをペーパータオルで除く。ポリ袋に入れ、一晩冷凍する。これで生干しのでき上がり。

3. **解凍&加熱** 皮に酢を刷毛でぬり、魚焼きグリルや焼き網でじっくり焼く。

材料（2人分）
あじ ────── 中２尾
塩 ─────── 小さじ½
酢 ─────── 少々

切り身

たら、はまち、かじき、ぶり、さわら、さけなど

準備&冷凍 1切れ（100g）ずつポリ袋に入れ、密封して冷凍。何切れかをまとめて冷凍する場合は、間にラップをはさむ。

解凍 ラップをはずしてペーパータオルを敷いた耐熱皿にのせ、1切れ（100g）につき電子レンジ弱キーで約2分加熱し、半解凍。

冷凍ぶりを使ったレシピ➡P92「ぶりの照り焼き」

貝

あさり、しじみ、はまぐりなど

準備
1 水1カップにつき塩小さじ1の割合で作った塩水に3時間浸し、砂を吐かせる。
2 殻同士をこすり合わせるようにして水洗いし、汚れを除いたら水けをきる。

冷凍 100gずつ小分けにし、ポリ袋に入れて冷凍。

解凍 解凍せず、凍ったまま調理加熱。

パパっと簡単 cooking

潮汁 2人分　調理時間7分　14kcal　塩分0.8g

冷凍あさり100gを鍋に入れ、水1½カップを注ぎ、火にかける。貝の口が開いたら、酒大さじ1、塩少々で調味する。

酒蒸し 2人分　調理時間5分　9kcal　塩分0.4g

冷凍あさり100gを鍋に入れ、酒大さじ1をふりかけてふたをして貝の口が開くまで加熱する。

冷凍あさりを使ったレシピ➡ P102「あさりのスパゲティ」

エビ・イカ・タコ・明太子

Point

生のエビにはタンパク質分解酵素が含まれているため、解凍を始めた途端に酵素が活性化し、身の分解を始めます。エビを解凍するときは、流水で半解凍に。

準備&冷凍

タコ（ゆでたもの）・無頭エビ 100gずつ小分けにし、ポリ袋に入れて冷凍。

イカ 内臓と軟骨を除き、胴は1cm幅の輪切りに、足は2本ずつ切り離す。1パイ分（200g）ずつポリ袋に入れて冷凍。

明太子 ½腹（50g）ずつに分けてラップに包み、ポリ袋に入れて冷凍。

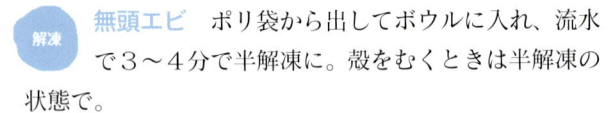

解凍

無頭エビ ポリ袋から出してボウルに入れ、流水で3〜4分で半解凍に。殻をむくときは半解凍の状態で。

タコ（ゆでたもの）・イカ ペーパータオルを敷いた耐熱皿にのせ、ラップをせずに100gにつき電子レンジ弱キーで2分加熱。

明太子 ラップをはずしてペーパータオルを敷いた耐熱皿にのせ、½腹（50g）につき電子レンジ弱キーで40秒加熱。

冷凍エビを使ったレシピ➡ P98「エビのチリソース煮」
冷凍イカを使ったレシピ➡ P100「イカのつや煮」

干物・しらすぼし・ちりめんじゃこ

準備&冷凍 干物 ラップに包んでポリ袋に入れて冷凍。何枚かをまとめて冷凍する場合は、間にラップをはさむ。

しらすぼし・ちりめんじゃこ
ポリ袋に入れて冷凍。

解凍 干物は解凍せず、凍ったまま調理加熱。
しらすぼし・ちりめんじゃこも解凍せず、そのまま使用。

主食

staple food

ごはんやパンの味が最も落ちるのは
-3℃〜10℃の温度帯です。
冷蔵庫に入れっぱなしにしたり
外に放っておくのは禁物。
すぐに食べないと判断したら
放置せずに即冷凍庫へ入れましょう。

ごはん

準備

ラップの場合 茶わん1杯分（150g）を温かいうちにラップで包み、ポリ袋に入れる。<u>茶わんに入りやすい1辺6cmのキューブ状に包むと解凍時に便利。</u>

密閉容器の場合 茶わん1杯分（150g）を温かいうちに密閉容器に入れ、すぐにふたを閉める。

冷凍 冷まして冷凍。

解凍 **ラップの場合** 包んでいたラップをはずして茶わんに移し、ふんわりとラップをかけて電子レンジで2分30秒加熱。途中で一度とり出し、箸でほぐす。

密閉容器の場合 ふたはせずにずらして上にのせ、電子レンジで2分30秒加熱。ふたに蒸気抜き穴がついているものは、ふたをしたまま蒸気穴を開けて加熱する。

冷凍ごはんを使ったレシピ➡P104「きのこのリゾット」
　　　　　　　　　　　➡P106「オムライス」

パン

Point
購入時に包装されているパンの袋は空気を通すセロファンでできています。必ずポリ袋に入れ替えること。

準備 袋から出し、食パンやロールパンは切らずにそのまま、バゲットは8㎝長さ（30ｇ）に切る。

冷凍 ポリ袋に入れて冷凍。

解凍 **食パン** 解凍せずそのままトースターへ。
ロールパン・バゲット（8㎝長さにカット） 1個につき電子レンジ弱キーで20秒加熱したあと、オーブントースターで軽く焼く。

冷凍パンを使ったレシピ➡P110
「ハムと甘酢しょうがのサンドイッチ」

麺（ゆでたもの）うどん、パスタ、そばなど

準備 1人分（200g）ずつ小分けにする。

冷凍 ポリ袋に入れて冷凍。

解凍 ポリ袋の口を少し開け、電子レンジで4分加熱。

冷凍うどんを使ったレシピ➡P108「ざるうどん鴨南蛮風」

惣菜・加工品その他

et cetera

冷凍庫はもっと賢く活用して
食材のムダを徹底的になくしましょう!
あまったお惣菜は冷凍保存で
忙しい日の夕飯やお弁当のおかずに。
冷凍に不向きなこんにゃくも
ひと工夫で絶品おかずに大変身です。

ミートソース・カレー・シチュー

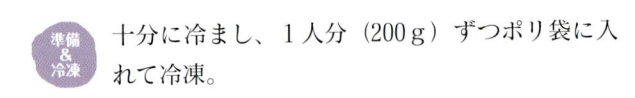

準備&冷凍 十分に冷まし、1人分(200g)ずつポリ袋に入れて冷凍。

解凍 ポリ袋から出して耐熱容器に入れ、ふんわりとラップをかけて200gにつき電子レンジで4分加熱。途中で一度とり出し、中身を混ぜて加熱ムラを防ぐ。

ハンバーグ・揚げ物

Point
冷凍前に余分な油を除くこと。加熱するときは必ず重量を量って。

準備&冷凍　ペーパータオルにのせて余分な油を除き、お弁当に使う場合はつめやすい大きさに切る。使いやすい量に小分けにし、ラップで包んでポリ袋に入れる。密封して冷凍。

解凍　２つ折りのペーパータオルを敷いた耐熱皿にのせ、ラップをせずに100ｇにつき電子レンジで２分加熱。

冷凍とんかつを使ったレシピ➡P116「かつ煮弁当」

焼きぎょうざ・しゅうまい・肉まん

準備&冷凍 使いやすい量に小分けにし、ラップで包む。ポリ袋に入れて冷凍。

解凍&加熱 焼きぎょうざ　包んでいたラップをはずし、ペーパータオルを敷いた耐熱皿にのせる。ラップをせずに6個につき電子レンジで2分加熱する。
しゅうまい　包んでいたラップをはずして水にくぐらせ、耐熱皿に並べる。ふんわりとラップをかけて6個につき電子レンジで2分加熱。
肉まん　1個（70g）を耐熱容器にのせる。もうひとまわり大きい容器に水¼カップを入れ、その中に肉まんを入れた容器を入れる。ふたをのせるか、ふんわりとラップをかけて電子レンジで2分加熱。大きさに合わせて加熱時間は調節する。

煮物 ひじき、切り干し大根、筑前煮、五目豆

準備&冷凍 50ｇずつ小分けにし、ポリ袋に入れて冷凍。

解凍 自然解凍。
急ぐときは器に移し、水大さじ1を加え、ふたまたはラップをして電子レンジで1分加熱。

Point

お弁当に使うときは、おかず用のカップに20ｇずつに分けて冷凍し、凍った状態で弁当箱につめる。昼頃には解凍できています。

漬物 粕漬け、みそ漬け、たまり漬け、塩漬け、甘酢漬け、たくあんなど

準備&冷凍 食べやすい大きさに切り、お弁当用のアルミカップなどに10ｇずつ入れる。密閉容器に並べ、ふたをして冷凍。

解凍 自然解凍。

納豆

Point

納豆は凍った状態なら粘りもなく、包丁で切るのもラクラク。

冷凍 パックごとポリ袋に入れて冷凍。

解凍 自然解凍。急ぐときは、パックの上ぶたと添付の辛子やしょうゆをはずし、電子レンジで20秒加熱。

油揚げ・厚揚げ

Point

油揚げは電子レンジ加熱で油抜きもできて便利。厚揚げは解凍すると"ス"がたった状態になりますが、汁物に入れたり煮物に使えばおいしくいただけます。

準備&冷凍
油揚げ 1枚（15ｇ）ずつポリ袋に入れて冷凍。
厚揚げ そのままポリ袋に入れて冷凍。

解凍
油揚げ ペーパータオルにはさみ、水にくぐらせる。油揚げ1枚につき電子レンジで30秒加熱。
厚揚げ ペーパータオルに1枚ずつはさみ、水にくぐらせる。100ｇにつき電子レンジで2分加熱。

豆腐

冷凍 パックごと冷凍。

解凍&調理 パックごと電子レンジで6分加熱し、ざるにあげる。切って［肉豆腐］や［豆腐ステーキ］に。泡立て器で細かくつぶせば［いり豆腐］に。

冷凍豆腐を使ったレシピ➡ P112「いり豆腐」

こんにゃく

Point

凍結による変化を楽しむ冬の伝統食、凍みこんにゃく。伝統的な作り方には及びませんが、家庭の冷凍庫でも即席の凍みこんにゃくが作れます。スポンジ状になったこんにゃくは、煮物にすればだしがしみ込み、なんとも言えない食感に。

準備&冷凍 一口大にスプーンでかきとり、100gまたは200gずつ小分けにし、ポリ袋に入れて冷凍。

解凍&下ゆで 耐熱皿に入れ、100gにつき電子レンジで2分加熱し、ざるにあげる。

冷凍こんにゃくを使ったレシピ➡ P114
「凍みこんにゃくの土佐煮」

かまぼこ

Point
シコシコとした食感でお酒のつまみに最適。焼きそばや汁物の具にも使えます。

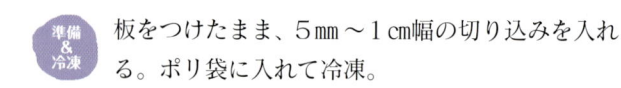

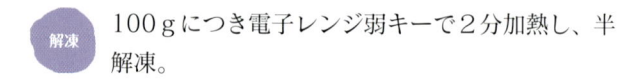

準備&冷凍 板をつけたまま、5mm～1cm幅の切り込みを入れる。ポリ袋に入れて冷凍。

解凍 100gにつき電子レンジ弱キーで2分加熱し、半解凍。

卵

準備&冷凍
全卵　溶きほぐしたものを1個分ずつポリ袋に入れて冷凍。
卵白　2～3個分を密閉容器に入れて冷凍。

解凍
全卵　自然解凍。卵焼きや茶わん蒸しに。
卵白　自然解凍。メレンゲ菓子や卵白豆腐などに。

ヨーグルト・バター・チーズ

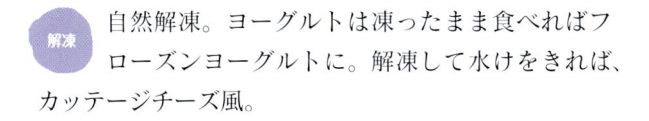

冷凍 そのまま冷凍。

解凍 自然解凍。ヨーグルトは凍ったまま食べればフローズンヨーグルトに。解凍して水けをきれば、カッテージチーズ風。

生クリーム

準備&冷凍 かたく泡立て、ポリ袋に入れて冷凍。

解凍 ポタージュやホワイトソースに加えるときは冷凍のまま。自然解凍してもう一度泡立てれば、キメの細かいホイップクリームに。

チョコレートケーキ・ショートケーキ・和菓子

冷凍 生の果物はとり除き、密閉容器に入れて冷凍。

解凍 必要量をとり出して器にのせ、常温解凍。急ぐときは、ラップをせず、1個（40〜50ｇ）につき電子レンジ弱キーで40〜50秒加熱し、半解凍。

フルーツ　いちご、バナナ、メロン、キウイ、オレンジ、グレープフルーツなど

冷凍 原則として皮やへたを除き、果肉だけを50ｇずつポリ袋に入れて冷凍。

解凍&調理 そのまま牛乳や砂糖と一緒にミキサーにかければスムージーに。

冷凍フルーツの重量に対し20％の砂糖を加え、電子レンジで2分加熱すればジャムに。

冷凍 ➡ 凍ったまま調理

いちごのスムージー

調理時間 **5**分
35kcal
塩分0.2g

作り方

1. ミキサーに冷凍いちごを入れ、野菜ジュースを注ぐ。

2. なめらかになるまで回す。

材料（2人分）
いちご（冷凍） ———— 100g
野菜ジュース ——— 1缶(190g)

冷凍庫で鮮度をキープ

保存性の高い乾物なども、冷凍保存でより長くおいしさをキープできます。特に乾物は湿気が苦手。ジメジメとした梅雨の時期にはカビが生えてしまうことも。スパイスなども時期によっては虫が発生する恐れがあるので、冷凍庫でより安全に、おいしさを長持ちさせましょう。

* * *

調味料

みそ、しょうゆ、ソース、焼肉のたれ、はちみつ、トマトケチャップ、豆板醤、テンメンジャンなど。

ハーブ

ペパーミント、バジル、
ローリエなどの乾燥ハーブ。

スパイス

七味・一味唐辛子、粉山椒、実山椒、
柚子胡椒、カレー粉、シナモン、ナツメグなど。

乾物

干ししいたけ、干したけのこ、干しぜんまい、
のり、削りかつお、昆布など。

茶・コーヒー

煎茶、紅茶、抹茶、
コーヒー豆（ひいたものも含む）など。

Freezing recipe

冷凍食材をおいしく食べる
ムダなし簡単レシピ31

冷凍だからこその食感！
冷凍だからこその作りやすさ！
冷凍食材をとことん生かした
アイデア満載レシピ31品。

調理時間 **10**分
33kcal
塩分1.1g

トマトを丸ごと召し上がれ
丸ごとトマトのスープ

作り方

1. 耐熱カップを2個用意し、それぞれに1個ずつ冷凍トマトを切り口を上にして入れる。Aを等分に加え、分量の水を等分に注ぐ。

2. （解凍&加熱）両端を少しずつあけてラップをかけ、電子レンジで8分加熱し、仕上げに黒こしょうをふる。

使うのはコレ！

材料(2人分)

トマト(冷凍)	2個(200g)
水	1カップ
あらびき黒こしょう	少々

A
- 砂糖 ─── 小さじ2
- チキンスープの素(顆粒) ─── 小さじ½
- 塩 ─── 小さじ¼

| 野菜 | 肉 | 魚介 | 主食 | etc |

調理時間 **10**分
56kcal
塩分1.5g

作りたてならシャリッとひんやり
ミニトマトのマリネ

作り方

1. **A**を合わせて［マリネ液］を作る。

2. ボウルに水を注ぎ、冷凍ミニトマトを入れる。皮がパチッとはじけたら、ひとつずつ水からとり出して皮をむき、**1**に漬ける。

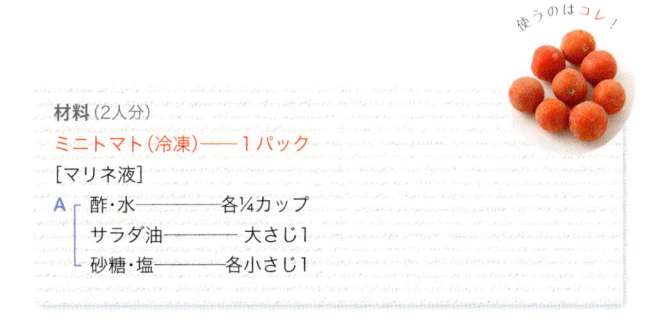

使うのはコレ！

材料（2人分）
ミニトマト（冷凍）——1パック
［マリネ液］
A ┌ 酢・水————各¼カップ
　├ サラダ油————大さじ1
　└ 砂糖・塩————各小さじ1

vegetables

調理時間 **10**分
139kcal
塩分0.8g

レンジで作るクリーミースープ
かぼちゃのポタージュ

作り方

1 【解凍&加熱】 冷凍かぼちゃはポリ袋に入れて耐熱皿に置き、電子レンジで3分加熱。皮を除き、耐熱ボウルに入れてマッシャーやスプーンでつぶす。

2 1に牛乳、チキンスープの素を加えて混ぜ、電子レンジで1分加熱。塩で味を調える。

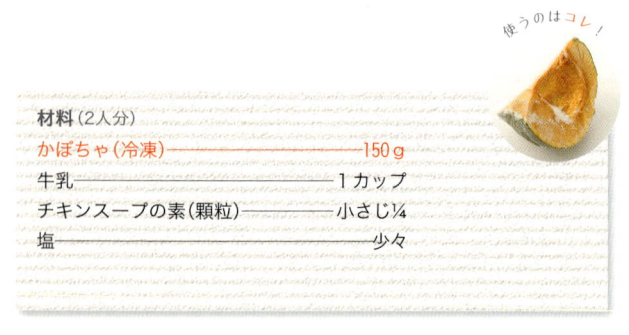

使うのはコレ！

材料(2人分)	
かぼちゃ(冷凍)	150g
牛乳	1カップ
チキンスープの素(顆粒)	小さじ¼
塩	少々

| 野菜 | 肉 | 魚介 | 主食 | etc |

調理時間 **10**分
130kcal
塩分0.5g

人気のデリ風サラダをレンジで手軽に

かぼちゃのサラダ

作り方

1. **解凍&加熱** 冷凍かぼちゃはポリ袋に入れて耐熱皿に置き、電子レンジで3分加熱。皮をつけたまま一口大に切る。

2. ボウルにAを合わせ、1を加えてあえる。

使うのはコレ！

材料（2人分）
かぼちゃ（冷凍）――――――150g
A ┌ 砂糖・マヨネーズ・ヨーグルト 各大さじ1
　└ 塩―――――――――――少々

調理時間 **5**分
15kcal
塩分1.1g

ゆで青菜を解凍して5分で完成！
青菜のおひたし

作り方

1 解凍 　冷凍青菜は耐熱ボウルに入れ、ふんわりとラップをかけて電子レンジで2分加熱。水にとって冷まし、ざるにあげて絞り、2cm長さに切る。

2 　ボウルに**A**を合わせ、**1**を加えてあえる。

使うのは コレ！

材料（2人分）
青菜（ゆでて冷凍）100g ※写真はほうれん草を使用
A ┌ しょうゆ ──── 大さじ1
　　 │ 和風だしの素（顆粒）
　　 │ ──────── 小さじ½
　　 └ 水 ─────── 大さじ2

| 野菜 | 肉 | 魚介 | 主食 | etc |

調理時間 **5**分
68kcal
塩分0.7g

一品あるとうれしい副菜の定番
いんげんのごまあえ

作り方

1. **解凍** 冷凍いんげんは耐熱ボウルに入れ、ふんわりとラップをかけて電子レンジで2分加熱。水にとって冷まし、ざるにあげ、3cm長さに切って水けをきゅっと絞る。

2. ボウルにAを合わせ、1を加えてあえる。

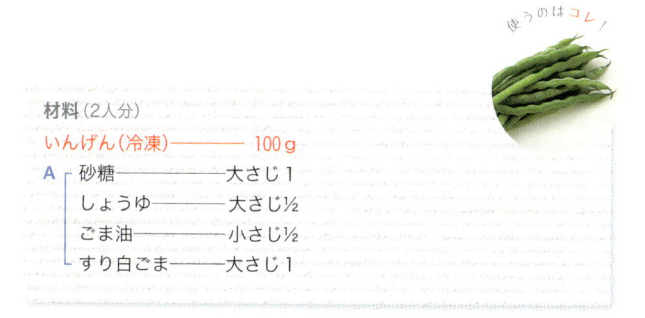

使うのはコレ！

材料（2人分）
いんげん(冷凍)―――― 100g
A ┌ 砂糖―――――大さじ1
  │ しょうゆ―――大さじ½
  │ ごま油―――― 小さじ½
  └ すり白ごま―― 大さじ1

調理時間 **5分**
61kcal
塩分0.6g

見た目も鮮やかな絶品小鉢
パプリカのサラダ

作り方

1. **解凍** 冷凍パプリカは耐熱ボウルに入れ、ふんわりとラップをかけて電子レンジで1分30秒加熱。縦半分に切って種とヘタを除き、繊維に沿って1〜1.5cm幅に切る。

2. ボウルにAを合わせて［ドレッシング］を作り、**1**を加えてあえる。

使うのはコレ！

材料（2人分）
パプリカ(冷凍)——1個(150g)
［ドレッシング］
A オリーブオイル・酢————各大さじ1
塩————小さじ⅓
こしょう————少々
赤唐辛子————½本 ●種をとる
ローリエ————1枚

| 野菜 | 肉 | 魚介 | 主食 | etc |

調理時間 **10**分
163kcal
塩分1.0g

冷凍じゃがいもならではの新食感！
ポテトサラダ

作り方

1. **解凍&加熱** 冷凍じゃがいもは耐熱ボウルに入れ、ふんわりとラップをかけて電子レンジで4分加熱。皮を除き、粗くつぶす。

2. 玉ねぎ、にんじんは塩でもみ、しんなりしたら酢をかけてほぐす。

3. 1に2を加え、マヨネーズであえてパセリをふる。

使うのはコレ／

材料（2人分）

じゃがいも（冷凍）
――――――小2個（200g）
玉ねぎのせん切り――――25g
にんじんのせん切り――――20g
塩―――――小さじ¼
酢―――――小さじ1
マヨネーズ―――――大さじ2
パセリのみじん切り―――――少々

ふろふき大根

シャキシャキ、サクサク！
冷凍大根独特の食感がクセになる

使うのはコレ！

作り方

1. **解凍&加熱** 冷凍大根は耐熱ボウルに入れ、ふんわりとラップをかけて電子レンジで4分加熱。とり出して器に盛る。

2. Aを合わせて［みそだれ］を作り、1の上からかける。

材料（2人分）
大根（ふろふき用に切って冷凍）
　　　　　　　　　　2個（200g）
［みそだれ］
A ┬ 砂糖・白みそ──各小さじ2
　├ 酒──────小さじ1
　└ サラダ油───小さじ¼

| 野菜 | 肉 | 魚介 | 主食 | etc |

調理時間 **5**分
50kcal
塩分0.7g

vegetables

きのこのマリネ

傷みやすいきのこは即冷凍がおすすめ
調味料を入れて解凍すれば一品完成！

作り方

1. **解凍&加熱** 耐熱ボウルに冷凍きのことAを入れ、両端を少しあけてラップをかけ、電子レンジで3分加熱する。

2. とり出して混ぜる。

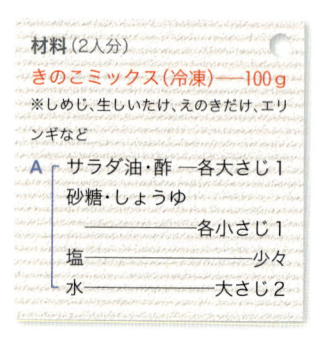

材料（2人分）
きのこミックス（冷凍） —— 100g
※しめじ、生しいたけ、えのきだけ、エリンギなど
A ┌ サラダ油・酢 —— 各大さじ1
  │ 砂糖・しょうゆ
  │ —————— 各小さじ1
  │ 塩 —————— 少々
  └ 水 —————— 大さじ2

| 野菜 | 肉 | 魚介 | 主食 | etc |

調理時間 **5分**
43kcal
塩分0.5g

即席ミネストローネ

残り野菜は刻んでまとめて冷凍庫へ！
そのままチンで具だくさんスープに

使うのはコレ！

作り方

1. **解凍** 耐熱ボウルに冷凍根菜ミックスを入れ、ふんわりとラップをかけて電子レンジで4分加熱。

2. 1に分量の水とAを加え、ふんわりとラップをかけて電子レンジで2分加熱する。

材料(2人分)

根菜ミックス(刻んで冷凍) ――― 200g
※にんじん、かぼちゃ、れんこん、玉ねぎなど
水 ――― 1カップ
A ┬ トマトケチャップ ――― 大さじ1
  │ チキンスープの素(顆粒) ――― 小さじ½
  └ 塩 ――― 小さじ¼
こしょう ――― 少々

| **野菜** | 肉 | 魚介 | 主食 | etc |

調理時間 **8**分
69kcal
塩分1.3g

ハノイ鍋

野菜をたっぷり食べたいときに！
うま辛＆ヘルシーの満点レシピ

使うのはコレ！

作り方

1 半解凍
耐熱皿に2つ折りにしたペーパータオルを敷き、冷凍鶏肉をのせて電子レンジ弱キーで4分加熱し、半解凍する。

2 解凍＆加熱
フライパンや平鍋に冷凍野菜を入れて**1**をのせ、混ぜ合わせた**A**をまわりから注ぐ。
※ただし、火の通りやすいにらなどの野菜は鶏肉の上にのせること。

3 鶏肉の上にオイスターソースをかけ、豆板醤を点々と散らし、中火にかける。火の通ったものからいただく。

材料（2人分）

もやし・キャベツ・にら・にんじん・玉ねぎなど（刻んで冷凍）
　　　　　　　合わせて400〜500g
鶏もも肉（一口大に切って冷凍）
　　　　　　　200g

オイスターソース ── 大さじ2
豆板醤 ── 小さじ1
A ┌ チキンスープの素（顆粒）
　　　│　　　　　　　── 小さじ½
　　　└ 熱湯 ── 1カップ

| 野菜 | 肉 | 魚介 | 主食 | etc |

調理時間 **15**分
226kcal
塩分2.2g

meats

鶏のから揚げ

肉は半解凍で調理するのがポイント
生肉で揚げるよりカラッと揚がる！

使うのはコレ！

作り方

1. **半解凍** 耐熱皿に2つ折りにしたペーパータオルを敷き、冷凍鶏肉をのせて電子レンジ弱キーで4分加熱し、半解凍する。

2. ポリ袋に**1**を入れ、**A**を加えてよくもみ込み、かたくり粉を加えてまぶす。

3. フライパンに1cmほど油を注いで170℃に温め、**2**をきつね色になるまで5〜6分揚げる。油をきってこしょうをふり、一口大にちぎったキャベツとともに器に盛る。

材料(2人分)

鶏もも肉(一口大に切って冷凍)	200g
かたくり粉	大さじ1
揚げ油	適量
こしょう	少々
キャベツ	2枚
A しょうゆ	大さじ1
タバスコ	5滴

| 野菜 | 肉 | 魚介 | 主食 | etc |

調理時間 **15**分
238kcal
塩分1.4g

meats

豚肉のしょうが焼き

半解凍 ➡ いつもの作り方で
人気の定番メニューもお手のもの

使うのはコレ！

作り方

1. **半解凍** 耐熱皿に2つ折りにしたペーパータオルを敷き、冷凍豚肉をのせて電子レンジ弱キーで4分加熱し、半解凍する。

2. **1**にかたくり粉を軽くまぶし、サラダ油を熱したフライパンに並べ、強めの中火で両面を焼く。色が変わったら**A**を加え、肉全体にからめる。

3. 器に盛り、一口大にちぎったレタスを添える。

材料(2人分)
豚薄切り肉(冷凍) ──── 200g
かたくり粉 ──── 小さじ1
サラダ油 ──── 小さじ2
レタス ──── 2枚
A ┌ 砂糖・しょうゆ
  │   ──── 各大さじ2
  └ おろししょうが ── 小さじ¼

| 野菜 | 肉 | 魚介 | 主食 | etc |

調理時間 **10**分
236kcal
塩分1.8g

麻婆豆腐

中華鍋を使わず15分で完成！
失敗なしの祥子流レンジ中華

使うのはコレ！

作り方

1 半解凍
耐熱皿に2つ折りにしたペーパータオルを敷き、冷凍ひき肉をのせて電子レンジ弱キーで2分加熱し、半解凍する。

2 耐熱ボウルに**A**を合わせ、分量の熱湯を注いで混ぜる。とろりとしたら**1**を加えて混ぜ、2〜3cm角に切った豆腐を加えてふんわりとラップをかける。電子レンジで10分加熱。

3 とり出して器に盛り、好みでねぎを散らす。

材料(2人分)

豚ひき肉(冷凍)	100g
豆腐(木綿)	1丁(300g)
熱湯	½カップ
長ねぎ(青い部分)の小口切り	5cm分

A
砂糖・しょうゆ	各大さじ2
ごま油	小さじ2
豆板醤	小さじ½
長ねぎ(白い部分)のみじん切り	10cm分
おろししょうが・おろしにんにく	各小さじ½
かたくり粉	大さじ1

| 野菜 | 肉 | 魚介 | 主食 | etc |

調理時間 **15**分
247kcal
塩分2.0g

牛丼

隠し味にみそでコクをプラス！
おうちならではのオリジナル牛丼

使うのは コレ！

作り方

1. **半解凍** 耐熱皿に２つ折りにしたペーパータオルを敷き、冷凍牛肉をのせて電子レンジ弱キーで４分加熱し、半解凍する。大きいところは２つに切る。

2. フライパンにサラダ油を熱し、**1**と１cm幅の薄切りにした玉ねぎを入れ、強火で焼く。焦げ目がついたら混ぜ合わせた**A**を加え、全体に煮からめる。

3. 丼にごはんを盛り、上から**2**をかける。

材料（2人分）

牛こま切れ肉(冷凍)	200ｇ
ごはん	茶わん２杯分(300ｇ)
玉ねぎ	1個
サラダ油	小さじ2
A 砂糖	大さじ2
しょうゆ	大さじ1
みそ	小さじ2

| 野菜 | **肉** | 魚介 | 主食 | etc |

調理時間 **10**分
519kcal
塩分2.1g

スペアリブの甘酢煮

パーティーに大活躍の骨付き肉も
安い日に買って冷凍しておけば経済的

使うのはコレ！

作り方

1. **解凍&加熱** 鍋に**A**を入れ、冷凍スペアリブを加えて水（分量外）をひたひたに注ぎ、火にかける。煮立ったらアクを除き、30分ゆでる。スペアリブをとり出してペーパータオルで水分をよくふきとり、煮汁大さじ2は別にとっておく。

2. 鍋にごま油を熱し、**B**を弱火で炒める。香りが立ったら**1**のスペアリブを加え、焼きつける。焼き色がついたら**C**ととっておいた煮汁を加え、強火でからめるように煮つめ、汁がなくなったら火を止める。

3. 器にサラダ菜を敷いて**2**を盛り、ねぎを散らす。

材料（2人分）

- スペアリブ（冷凍）——— 300g
- ごま油 ——— 大さじ1
- サラダ菜 ——— 適量
- 長ねぎ（白い部分）のみじん切り ——— 少々
- **A**
  - 酒・砂糖・しょうゆ ——— 各大さじ2
  - 長ねぎ（青い部分）——— 10cm
  - しょうが ——— ½かけ ●たたく
  - にんにく ——— 1かけ ●たたく
- **B**
  - 長ねぎのみじん切り 5cm分
  - しょうがのみじん切り ——— 薄切り2枚分
  - にんにくのみじん切り ——— 1かけ分
- **C**
  - 酢 ——— 大さじ4
  - 砂糖 ——— 大さじ3
  - しょうゆ ——— 大さじ1

| 野菜 | **肉** | 魚介 | 主食 | etc |

調理時間 **45**分
366kcal
塩分1.7g

マグロの山かけ

冷凍マグロは半解凍にして山かけに
帰りの遅いご主人にも喜ばれる一品

作り方

1. **半解凍** 耐熱皿に2つ折りにしたペーパータオルを敷き、冷凍マグロをのせて電子レンジ弱キーで2分加熱し、半解凍する。

2. ボウルにAを合わせ、ぶつ切りにした1を加えてあえ、器に盛る。

3. オクラはさっとゆでて冷水にとり、小口切りに。長芋は叩いてみじん切りにする。軽く混ぜ合わせて2に添える。

材料(2人分)

マグロ(冷凍)	100g
長芋	50g
オクラ	2本
A しょうゆ	大さじ1
砂糖	小さじ1
練りわさび	少々

| 野菜 | 肉 | **魚介** | 主食 | etc |

調理時間 **10**分
99kcal
塩分1.5g

ぶりの照り焼き

半解凍 ➡ 焼く ➡ たれをからめる
三段階調理でふっくらしっとり

作り方

1. **半解凍** 耐熱皿に2つ折りにしたペーパータオルを敷き、冷凍ぶりをのせて電子レンジ弱キーで4分加熱し、半解凍する。

2. フライパンにサラダ油を熱し、1を並べる。ふたをして中火で4分焼き、裏返してさらに4分焼く。混ぜ合わせたAを加え、全体に煮からめる。

3. 器に盛り、大根おろしを添える。

材料(2人分)
ぶり(冷凍)――――2切れ(200g)
サラダ油――――――小さじ2
大根おろし――――――適量
A ┌ 砂糖―――――――大さじ2
  │ 酒・しょうゆ――各大さじ1
  └ みそ―――――――大さじ½

| 野菜 | 肉 | **魚介** | 主食 | etc |

調理時間 **14**分
292kcal
塩分1.4g

さんまの梅煮

解凍も調理もレンジにお任せ！
梅干効果でさっぱり＆臭みナシ

使うのはコレ！

作り方

1. **半解凍** 大きめの耐熱皿にペーパータオルを敷き、冷凍さんま2尾を向かい合わせに置く。電子レンジ弱キーで8分加熱し、半解凍。頭と尾を落として長さを4等分に切り、内臓をとる。

2. 耐熱ボウルにAを合わせ、1を加えて全体にからめる。梅干、昆布、3cm長さに切った長ねぎを加え、ふんわりとラップをかけて電子レンジで6分加熱する。

3. ゴムべらで全体を混ぜる。

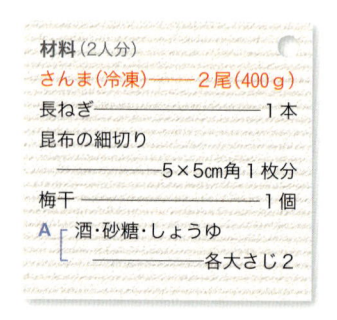

材料（2人分）

さんま（冷凍）	2尾（400g）
長ねぎ	1本
昆布の細切り	5×5cm角1枚分
梅干	1個
A ─ 酒・砂糖・しょうゆ	各大さじ2

| 野菜 | 肉 | **魚介** | 主食 | etc |

調理時間 **15**分
397kcal
塩分2.5g

あじの煮付け

調理時の気になる生臭さは
冷凍魚とレンジ使いですっきり解消

使うのはコレ！

作り方

1. **半解凍** 耐熱皿にペーパータオルを敷き、冷凍あじ2尾を向かい合わせに置く（置き方はP94を参照）。電子レンジ弱キーで6分加熱し、半解凍する。内臓、ぜいごを除いて水洗いし、縦に10cm長さの切り込みを入れる。

2. 耐熱ボウルにAを入れ、あじの表側（腹側を手前にしたときに、頭が左）を上にしてのせる。ふんわりとラップをかけて電子レンジで6分加熱し、器に盛る。

3. 残った煮汁に3cm幅のざく切りにした春菊を加え、ラップをかけて電子レンジで1分加熱し、2に添える。

材料（2人分）
あじ（冷凍） ───── 中2尾（300g）
春菊 ───────────── 1把（200g）
A ┌ 酒・砂糖・しょうゆ
  └ ───────── 各大さじ2

| 野菜 | 肉 | 魚介 | 主食 | etc |

調理時間 **15**分
164kcal
塩分2.2g

97

エビのチリソース煮

冷凍エビは流水で半解凍
殻付きの本格エビチリをレンジで

使うのはコレ！

作り方

1. **半解凍** 冷凍エビはポリ袋から出し、流水で半解凍。水けをきり、キッチンバサミで尾の先と足を切り、背に切り込みを入れて背ワタを除く。

2. 耐熱ボウルに**1**と水½カップ（分量外）を入れ、ふんわりとラップをかけて電子レンジで2分加熱し、湯を捨てる。

3. **2**に**A**を加えて混ぜ、ふんわりとラップをかけて電子レンジで4分加熱する。

材料（2人分）

無頭エビ（冷凍）	200g
A 砂糖・しょうゆ・トマトケチャップ	各大さじ2
酒・ごま油	各大さじ1
豆板醤	小さじ½
長ねぎのみじん切り	5cm分
にんにくのみじん切り	1かけ分
しょうがのみじん切り	¼かけ分
かたくり粉	小さじ1
水	½カップ

| 野菜 | 肉 | **魚介** | 主食 | etc |

調理時間 **15**分
178kcal
塩分2.6g

イカのつや煮

味落ちしないイカは冷凍向き
ぷりっとやわらかく仕上げて

使うのはコレ!

作り方

1. **半解凍** 耐熱皿に2つ折りにしたペーパータオルを敷き、冷凍イカをのせて電子レンジ弱キーで4分加熱し、半解凍する。

2. 耐熱ボウルに**A**を合わせ、**1**を加えて全体にからめる。ふんわりとラップをかけて電子レンジで4分加熱。

3. とり出してひと混ぜする。

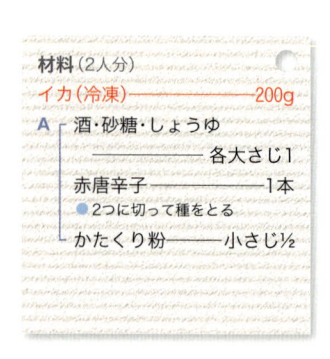

材料(2人分)
イカ(冷凍) ———— 200g
A ┌ 酒・砂糖・しょうゆ
  │ ———— 各大さじ1
  │ 赤唐辛子 ———— 1本
  │ ● 2つに切って種をとる
  └ かたくり粉 ———— 小さじ½

| 野菜 | 肉 | **魚介** | 主食 | etc |

調理時間 **10**分
108kcal
塩分1.7g

あさりのスパゲティ

冷凍あさりはそのまま調理が鉄則
うまみをパスタにからめてどうぞ

使うのは**コレ**！

作り方

1. スパゲティを表示通りにゆでる。

2. （解凍＆加熱）**1**のゆであがりを待つ間に、フライパンにオリーブオイルをひき、にんにく、赤唐辛子を炒める。にんにくがきつね色になったら冷凍あさりと白ワインを加え、ふたをする。

3. 貝の口が開いたらふたをとり、ゆであがった**1**を加えてあえ、塩、こしょうで味を調える。器に盛り、パセリをふる。

材料（2人分）

あさり（冷凍）	200g
スパゲティ（乾）	140g
オリーブオイル	大さじ2
にんにくのみじん切り1かけ分	
赤唐辛子	½本 ●種をとる
白ワイン	¼カップ
塩・こしょう	各少々
パセリのみじん切り	大さじ2

| 野菜 | 肉 | 魚介 | 主食 | etc |

調理時間 **10**分
368kcal
塩分1.4g

staple food

きのこのリゾット

冷凍ごはんと冷凍きのこで作る
レンジ任せの簡単&本格リゾット

使うのはコレ！

作り方

1 半解凍
耐熱皿にペーパータオルを敷き、冷凍エリンギをのせて電子レンジ弱キーで2分加熱し、半解凍する。1cm角4〜5cm長さに切る。

2 解凍&加熱
耐熱ボウルに冷凍ごはん、にんにく、**1**を入れ、オリーブオイルとチキンスープの素を加えて分量の熱湯を注ぐ。両端を少しずつあけてラップをかけ、電子レンジで6分加熱する。沸騰したら設定時間が残っていても弱キーに切り替え、12分加熱する。

3 チーズとパセリを加え、チーズが溶けてとろみがつくまで混ぜる。

材料(2人分)

ごはん(冷凍) ———— 150g	チキンスープの素(顆粒) ———— 小さじ1
エリンギ(冷凍) —— 1個(100g)	熱湯 ———— 1½カップ
にんにくのみじん切り ———— 1かけ分	ピザ用チーズ ———— 小1パック(25g)
オリーブオイル ———— 大さじ1	パセリのみじん切り ———— 適量

| 野菜 | 肉 | 魚介 | **主食** | etc |

調理時間 **22**分
248kcal
塩分1.3g

staple food

オムライス

即席ケチャップライスに
とろとろ卵をふんわりのせて

使うのはコレ！

作り方

1. **解凍** 耐熱ボウルに冷凍ごはんを入れ、ふんわりとラップをかけて電子レンジで5分加熱する。

2. **1**のボウルからごはんをとり出し、玉ねぎを入れ、ふんわりとラップをかけて電子レンジで1分加熱する。ごはんを戻し、**A**を加えて混ぜ、器2つに等分に盛る。

3. 溶きほぐした卵に塩、こしょう、バター半量を加えて混ぜる。残りのバターをフライパンに溶かし、卵を一気に流し込み、箸でかき混ぜながら半熟状になるまで火を通す。

4. **2**の上に**3**を等分にのせ、細かく刻んだミニトマトを飾り、パセリをふる。

材料(2人分)

ごはん(冷凍) 茶わん2杯分(300g)	ミニトマト 1個
玉ねぎのみじん切り ¼個分	パセリのみじん切り 少々
卵 4個	A トマトケチャップ 大さじ2
バター 大さじ2	塩・こしょう 各少々
塩・こしょう 各少々	

| 野菜 | 肉 | 魚介 | **主食** | etc |

調理時間 **15**分
521kcal
塩分1.9g

staple food

ざるうどん鴨南蛮風

うどんはたっぷりの湯でゆでるより
レンジ解凍が経済的で、かつ便利!

使うのはコレ!

作り方

1. 鶏肉は薄切りにする。ごぼうはささがきにして水に放し、水けをきる。にんじんはささがきに、クレソンは3㎝長さに切る。

2. 鍋に**1**と分量の水を入れて火にかける。煮立ったら弱火にして10分ほど煮、**A**で調味し、長ねぎを加えて火を止める。

3. **解凍&加熱** 耐熱ボウルに冷凍うどんを入れ、ふんわりとラップをかけて電子レンジで6分加熱し、器に盛る。**2**に好みで七味唐辛子をふり、うどんをつけながらいただく。

材料(2人分)

ゆでうどん(冷凍) 2パック(400g)	水 1½カップ
鶏もも肉 200g	七味唐辛子 適量
ごぼう ¼本	**A** めんつゆ(3倍濃縮) 大さじ3
にんじん ½本	酒・しょうゆ 各大さじ1
クレソン 100g	
長ねぎの小口切り 10cm分	

| 野菜 | 肉 | 魚介 | **主食** | etc |

調理時間 **15**分
425kcal
塩分2.8g

staple food

ハムと甘酢しょうがのサンドイッチ

甘酢しょうがをピリッと効かせた
ひと味違うやみつきハムサンド

使うのはコレ！

作り方

1. **半解凍** 耐熱皿に2つ折りにしたペーパータオルを敷き、冷凍ハムをのせて電子レンジ弱キーで1分加熱し、半解凍する。

2. 冷凍食パン3枚にマーガリンを、残りの3枚にマヨネーズをぬる。

3. マーガリンをぬった食パンにサラダ菜、甘酢しょうが、1を等分にのせ、マヨネーズをぬったパンでサンドし、三角形に切り分ける。

材料(2人分)
食パン(サンドイッチ用12枚切・冷凍)	6枚
ハム(冷凍)	6枚
甘酢しょうが	40g
サラダ菜	3枚
ソフトマーガリン	大さじ1
マヨネーズ	大さじ1

| 野菜 | 肉 | 魚介 | **主食** | etc |

調理時間 **10**分
285kcal
塩分2.3g

いり豆腐

パックごと冷凍して即席凍み豆腐に
冷凍ならレンジ解凍と同時に水切りも！

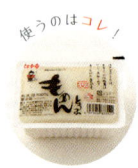

使うのはコレ！

作り方

1. 干ししいたけは戻してせん切り、にんじんは3cm長さの細切り、長ねぎは小口切り、しらたきは食べやすい大きさに切る。

2. **解凍** 冷凍豆腐はパックごと電子レンジで6分加熱。ボウルに移し、泡立て器で突いてくずし、ざるにあげる。

3. 鍋にサラダ油を熱し、1cm幅に切ったベーコンを軽く炒める。脂が出たら1を加えて炒め、野菜がしんなりしてきたら2を加えて強火で炒める。水分がとんだらAで調味し、卵を溶きほぐして加え、炒りつける。

材料(4人分)

豆腐(冷凍)	1丁(300g)	サラダ油	大さじ3
干ししいたけ	2枚	卵	2個
にんじん	1本	A 砂糖	½カップ
長ねぎ	1本	しょうゆ	大さじ2
ベーコン	50g		
しらたき	1パック		

| 野菜 | 肉 | 魚介 | 主食 | etc |

調理時間 **15**分
259kcal
塩分1.3g

et cetera

凍みこんにゃくの土佐煮

味がよく染みたシコシコこんにゃく
生では出せない伝統の味をおうちで

使うのはコレ！

作り方

1. **解凍&下ゆで** 冷凍こんにゃくは耐熱ボウルに入れ、ふんわりとラップをかけて電子レンジで4分加熱し、ざるにあげる。

2. 鍋にごま油をひき、1を強火で炒める。

3. 細かい泡がたくさん出てきたらAを加え、煮汁がなくなるまで煮つめる。火を止め、削りかつおを全体にまぶす。

材料（2人分）
こんにゃく（冷凍）————200g
ごま油————————大さじ1
削りかつお—————小1袋（3g）
A ┌ しょうゆ・みりん
　│　　　　　———各大さじ1
　└ 赤唐辛子————————1本
　　●小口切り

| 野菜 | 肉 | 魚介 | 主食 | etc |

調理時間 **22**分
93kcal
塩分1.3g

かつ煮弁当

残り物のとんかつをアレンジ！
卵でとじてお弁当のおかずに

使うのはコレ！

作り方

1. 弁当箱にごはんをつめて冷ます。玉ねぎはくし形切り、みつばは3cm長さに切る。

2. **半解凍** 耐熱皿に2つ折りにしたペーパータオルを敷き、冷凍とんかつをのせ、電子レンジ弱キーで2分加熱し、半解凍する。1.5〜2cm幅に切る。

3. フライパンにAを入れて煮立て、2と玉ねぎを加える。煮立ったら中火で1分煮て、みつばを散らし、溶きほぐした卵を回しかけ、火を止める。あら熱をとって弁当箱につめる。

4. ごはんにのりを散らし、漬物を添える。

材料（1人分）

とんかつ（冷凍）	1枚
ごはん（温かいもの）	150g
玉ねぎ	1/4個
みつば	4本
卵	1個
もみのり	少々
漬物（好みのもの）	少々
A 酒・砂糖・しょうゆ	各大さじ1
水	大さじ2

| 野菜 | 肉 | 魚介 | 主食 | etc |

調理時間 **10**分
745kcal
塩分3.1g

117

祥子流フローズン弁当

外食より安く、健康にもいい手作り弁当。でも忙しい朝に作るのはちょっと大変。そんなときは、祥子流フローズン弁当がおすすめ。前の晩に作って冷凍庫へ。朝とり出してそのままオフィスや学校に持っていけば、お昼頃には溶けてちょうど食べ頃に。食中毒が心配な夏でも保冷剤いらず！

***

ごはん弁当

弁当箱の半分にごはんをつめ、残りのスペースに主菜1種、副菜2種をつめる。
そのまま冷凍庫へ。
写真は鶏のから揚げ、こんにゃくのいり煮、キャベツのサラダ

サンドイッチ弁当

サンドイッチはまとめて作りおきしましょう。2〜3切れピックアップし、包んでお弁当に！1か月は保存可能です。
写真はハムとゆでほうれん草、ゆで卵のみじん切りマヨネーズあえ、いちごジャム

※レタスやサラダ菜などの生野菜はフローズン弁当には向きません。

The story of the refrigerator
冷蔵庫のおはなし

冷蔵庫のしくみを知れば
冷蔵庫ともっと上手に付き合える！
冷蔵庫開発のプロが教える
冷蔵庫の性質と正しい使い方。

監修：シャープ㈱ 冷蔵システム　脇谷浩司

The story of the refrigerator

冷蔵庫を使いこなす

冷蔵庫の庫内は場所によって温度が異なります。
食品それぞれの保存に適した場所を選んで
置くようにしましょう。

冷蔵庫の役割

冷蔵室

1. 常温（20℃くらい）保存では日持ちの悪い食品の変質を防ぎ、長持ちさせる。
2. 飲み物など、冷たくするとおいしく感じられる食品を快適な温度に冷やす。

野菜室

野菜や果物の呼吸作用を低下させて、成分が消耗するのを抑える。

冷凍室

1. 微生物がほとんど活動できなくなる温度（-10℃以下）で微生物の繁殖を抑える。
2. 分解酵素の反応スピードを抑えて、食品の品質を長期間保つ。

※冷凍保存では、熱を加えた場合とは違い、微生物は死滅していません。

庫内の温度と正しい使い分け

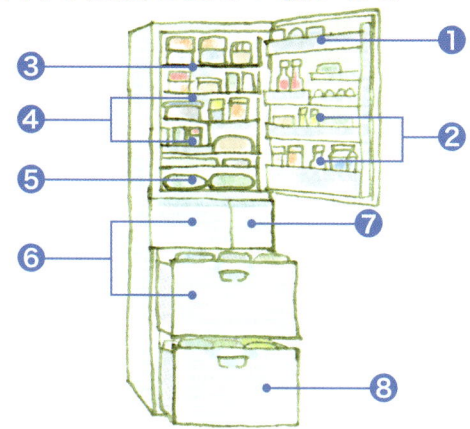

❶**ドアポケット（上段）　約5〜7℃**
やや温度が高め。調味料やスパイスなど。
❷**ドアポケット（中・下段）　約4〜6℃**
ドアの開閉により温度が高くなりがち。飲み物など。
❸**棚（上段）　約4〜6℃**
目の届きにくい場所。長期ストック場所として、
未開封のびん・缶類など。
❹**棚（中・下段）　約2〜4℃**
下ごしらえした材料や総菜、デザートなど。短期保存向き。
❺**特定低温室**
　チルドルーム　約0〜2℃
乳製品、発酵食品、練り製品、肉・魚介類など。
　パーシャルルーム　約0〜-3℃
肉・魚介類。少し凍った状態に。
❻**冷凍室　約-18℃**
家庭で冷凍した食品、市販の冷凍食品、乾物・お茶など。
❼**製氷室　約-18℃**
❽**野菜室　約3〜8℃**
野菜、果物。

※庫内のレイアウトはイメージです。各部分の配置、名称などはメーカーによって異なります。
※温度は、温度調節を「中」にし、食品を入れずにドアを閉め、安定したときの温度です。

冷凍室を使いこなす

冷凍室はもともと冷凍食品を「保存」する場所。
そのため一からの冷凍には若干パワー不足です。
でもちょっとした工夫でカバーすれば
家庭でもおいしさを損なわずに冷凍できます。

冷凍の基本ルール

1 新鮮なうちに冷凍を
冷凍室には鮮度をよみがえらせる能力はありません。冷凍保存は鮮度が落ちる前に。

2 適切な下処理をする
肉や魚を買ってきたままトレイごと冷凍室に入れていませんか？ 冷凍する必要のないものはすべてとり除き、ラップで包み直してから冷凍を。

3 冷ましてから冷凍
調理した温かい食品は、必ず冷ましてから冷凍室に。そのまま入れると冷凍室の温度が上がり、他の食品を傷めてしまいます。

「急速冷凍機能」でおいしく冷凍

食品中の水分は、-1〜-5℃の間でほぼ凍ります。この温度帯を最大氷結晶生成帯といい、ここを通過するのに時間がかかると氷の結晶は大きくなり、その分、食品の組織を傷めてしまいます。そこで活用したいのが「急速冷凍機能」。ハイパワー運転となり、従来の冷凍室では通常約120分かかるところを、約40分まで縮めることができます。

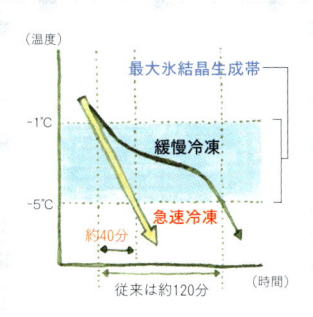

(温度)
最大氷結晶生成帯
-1℃
緩慢冷凍
-5℃
急速冷凍
約40分
従来は約120分
(時間)

4 密封して酸化を防ぐ

食品の酸化は冷凍中も起こっています。空気をできるだけ抜いてから保存しましょう。ラップや食品のパッケージについているフィルムなどは空気を通す素材でできているため、空気を通さないポリ袋に入れること。

5 再冷凍しない

一度解凍したものを再度冷凍すると、著しく味を損ないます。また衛生面でもよくありません。

The story of the refrigerator

冷蔵庫の eco なおはなし

家庭で使う電化製品の中で
エアコンに次いで電力消費量の多い冷蔵庫。
電力を多く使えば電気代がかさむだけでなく
地球温暖化の原因となる CO_2 の排出量が増え
環境にもよくありません。
冷蔵庫でムダな電気を使わないための
ポイントをチェックしましょう。

1 冷蔵庫の周囲に適当な隙間をあけて

　冷蔵庫は、周囲に隙間がないと放熱ができず、電気のムダになります。一般的には、左右それぞれ0.5〜2cm、上部5〜30cm以上隙間をあけるのが好ましいです。
※放熱スペースは冷蔵庫によって異なります。取扱説明書をご確認下さい。

2 ドアの開閉は少なく、すばやくする

　頻繁に開け閉めを繰り返したり、長時間開け放したりすると、それだけ冷気が逃げて庫内の温度が上がってしまいます。

3 熱気や湿気を避ける

　直射日光のあたる場所やコンロの近くに置くと、周辺温度が上がり、電気をムダに使うことになります。

4　傷んだパッキングは取り替えて

　　冷蔵庫の部品で最も傷みやすいのがドア部分のパッキング。汚れると傷みやすく、冷気もれの原因になります。特に下側は汚れやすいので、こまめに拭く習慣を。傷んだパッキングは取り替えましょう。

※パッキングの取り替えについては各メーカーにお問い合わせ下さい。

5　食品のつめ込みすぎは禁物

　　食品と食品の間を冷気が流れることで、庫内は一定温度に保たれています。冷気の通り道が少ないと余計な電気を消費するので、食品を入れるのは65％くらいに抑えましょう。また、容器を丸や四角など形の違うものを使うと、適度な隙間が生まれます。

6　冷気の吹き出し口の前に置かない

　　庫内の吹き出し口の前に食品を置くと、冷気が遮られ、効率よく冷えません。また、水気の多い食品を置くと凍ることもあります。

冷蔵庫のしくみ

冷蔵庫はなぜ冷えるのでしょうか？
たとえば、手にアルコールを塗ると
冷たく感じますが、これはアルコールが
気化するときに手から熱を奪っているため。
冷蔵庫が冷えるのもこれと同じ原理です。
冷蔵庫では、アルコールの役割を
冷媒と呼ばれる物質が果たしています。

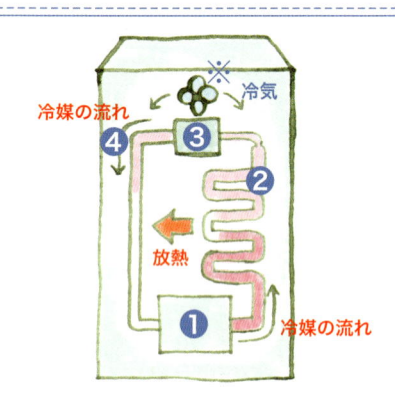

❶ **コンプレッサー**（圧縮機）
　冷媒を圧縮し、約130℃の気体に変えて放熱器に送ります。
❷ **放熱器**
　放熱器は長いパイプ状になっています。このパイプは徐々に細くなっており、ここを通る間に、冷媒は周囲の空気で冷やされ、約40℃の液体に変わります。
❸ **冷却器**
　細いパイプから急に広い冷却器に入った冷媒は、液体から気体に変わり、気化熱を奪って一気に約-30℃になり、周囲の空気を冷やします。
　※ **ファン**
　冷たくなった空気を冷蔵室と冷凍室に送り、食品を冷やしたり凍結させたりします。
❹ **再びコンプレッサーに**
　冷媒はコンプレッサーに戻され、再び圧縮されます。

冷凍食材別レシピ INDEX

※青字…食材の冷凍＆解凍法を記したページです
※薄字…レシピでは冷凍食材で紹介していませんが、冷凍食材でも代用できます

野菜・きのこ

- **トマト** P14

  丸ごとトマトのスープ P64

  ミニトマトのマリネ P65

- **きゅうり** P15

  きゅうりもみ P15

- **かぶ・大根・にんじん** P16

  かぶのたまり漬け P16 ／ ふろふき大根 P72

  にんじんのグラッセ P16 ／ ポテトサラダ P71

  即席ミネストローネ P76 ／ ハノイ鍋 P78

  ざるうどん鴨南蛮風 P108 ／ いり豆腐 P112

- **キャベツ** P17

  コールスローサラダ P17

  キャベツのごまあえ P17 ／ ハノイ鍋 P78

- **パプリカ・アスパラガス・オクラ・さやいんげん** P18

  パプリカのサラダ P70 ／ アスパラサラダ P19

  オクラのさっとゆで P19 ／ マグロの山かけ P90

  いんげんのごまあえ P69

- **青菜** P20

  青菜のおひたし P68

- **にら** P21

  ハノイ鍋 P78

- **玉ねぎ** P21

  ポテトサラダ P71 ／ 即席ミネストローネ P76

  ハノイ鍋 P78 ／ 牛丼 P86 ／ オムライス P106

  かつ煮弁当 P116

127

- もやし P21
  ハノイ鍋 P78
- じゃがいも・長芋・れんこん・かぼちゃ P22
  ポテトサラダ P71 ／ れんこんのきんぴら P22
  即席ミネストローネ P76 ／ 長芋の明太子あえ P22
  マグロの山かけ P90 ／ かぼちゃのポタージュ P66
  かぼちゃのサラダ P67
- きのこ P18
  きのこのマリネ P74 ／ きのこのリゾット P104

肉

- **ひき肉** P26
  麻婆豆腐 P84
- **豚肉** P28（薄切り）P29（もも）
  豚肉のみそ漬け焼き P31 ／ 豚肉のしょうが焼き P82
- **牛肉** P28（薄切り）P29（赤身）
  上等ステーキ P30 ／ 牛丼 P86
- **鶏肉** P32
  鶏肉の梅じょうゆ焼き P33 ／ ハノイ鍋 P78
  鶏のから揚げ P80 ／ ざるうどん鴨南蛮風 P108
- スペアリブ P35
  スペアリブの甘酢煮 P88
- ベーコン・ハム P36
  ハムと甘酢しょうがのサンドイッチ P110
  いり豆腐 P112

魚介

- **マグロ（刺身）** P38
  ごちそうお刺身 P40 ／ マグロの山かけ P90
- **あじ・さんま・さば** P41
  あじの生干し P43 ／ あじの煮付け P96
  さんまの梅煮 P94 ／ しめさば P42
- **ぶり** P44
  ぶりの照り焼き P92
- **あさり** P45
  潮汁 P45 ／ 酒蒸し P45
  あさりのスパゲティ P102
- **エビ・イカ** P46
  エビのチリソース煮 P98 ／ イカのつや煮 P100

ごはん・パン・麺 P48

牛丼 P86 ／ きのこのリゾット P104
オムライス P106 ／ かつ煮弁当 P116
ハムと甘酢しょうがのサンドイッチ P110
あさりのスパゲティ P102 ／ ざるうどん鴨南蛮風 P108

豆腐・こんにゃく P57

麻婆豆腐 P84 ／ いり豆腐 P112
凍みこんにゃくの土佐煮 P114

フルーツ P60

いちごのスムージー P61

編集後記

冷凍って、苦手。
肉や魚は味落ちが気になるし、
野菜は下ゆでしたり細かく刻んだり
冷凍前の準備が大変。
だいたい、冷凍した野菜って、どうなの？
マニュアル本には失敗しないためのルールが
食材ごとにていねいに解説されてるけど、
そんなのいちいち覚えられないし、
その都度本を開くなんて面倒くさい。
いで、ものぐさな私はいつも挫折…。

でも村上先生ったら、
「冷凍なんかに手間ヒマかけないのよ」
なんて、言うんです。
と、そこに出てきたのはハノイ鍋。
まさかこれ、冷凍した野菜で作ったの？
「このキャベツ、ポリ袋に入れて冷凍しただけよ」
え？先生、マジですか？
しかもこの食感！ 生の野菜で作るより
むしろ おいしーーっっ!!!

冷凍庫って、入れておくだけで
食材の賞味期限をのばしてくれる、
地球にも家計にも優しい、
すっごくイイヤツです。知ってます。
でも上手に付き合わなければ
意味がありません。

冷凍って苦手だし面倒い、って思っている方、
この本は、そんなアナタのために作りました。
この本には難しいことは一切載ってません。
一応食材ごとに冷凍と解凍の方法を
説明していますが、そのやり方はほとんど同じです。

つまり、コツさえおさえれば
どんな食材でも、誰でも簡単に、失敗なく、
冷凍保存できちゃう！
これが、祥子の冷凍マジック！なのです。

ものぐさな私もちょっとデキる女になった
気がする、今日この頃です。

編集 ⓒ

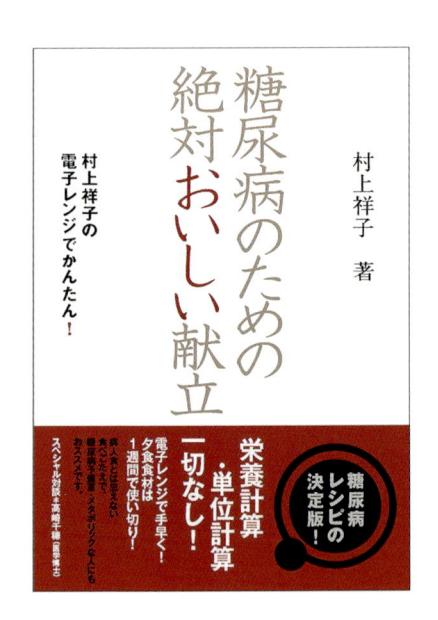

村上祥子の電子レンジでかんたん！
糖尿病のための
絶対おいしい献立

ダイエット、メタボ対策にもおすすめ

朝食400㎉、昼食500㎉、夕食600㎉、一日計1500㎉に設定した、糖尿病のための「おいしい」献立をご提案。電子レンジを使うことで、油分を抑えてコクをアップ！お肉もたっぷり食べられる！栄養計算、単位計算が一切不要で、食を共にする家族もうれしい。

A4判・並製　オールカラー　定価2,800円

ブックマン社刊　村上祥子の本

圧力鍋1分加圧で
手作りカレー

**調理時間をグンと短縮して
素材の味をギュッと凝縮！**

家庭の人気メニュー、カレーを筆頭に、ヘルシーな野菜料理からちょっと豪華なもてなし料理まで、圧力鍋を使った驚きの早ワザレシピを43品掲載。圧力がかかることで素材の旨味が凝縮され、油の量を少なめにしてもおいしい仕上がり！

B5判・並製　オールカラー　定価1,400円

変な給食

幕内秀夫 著

**先生！ 私たち、
普通のご飯が食べたいです。**

雑煮と食パン？ 黒糖パンとみそ汁？ コッペパンとみたらし団子？ ジャムトーストと酢豚？
『粗食のすすめ』の幕内秀夫があぶない給食現場を実況中継！ 衝撃、爆笑、鳥肌ものの全国の変な給食総勢73点を再現写真でご紹介。

四六判・並製　オールカラー　定価1,400円

———————————————————— ブックマン社の本

おひとりさまの京都

葉石かおり 著

京都好きのための美食案内!

女性誌をはじめ各メディアで活躍する、きき酒師でエッセイストの葉石かおりが、すべて自腹で体験済みのとっておきの京都を案内する、大人のための美食エッセイ。

A5判・並製　オールカラー　定価 1,680 円

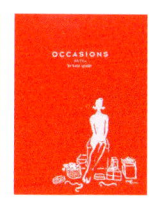

kate spade スタイルブック

バッグや小物で、ファッションにうるさい女性たちを虜にしているN.Y.のカリスマデザイナー、Kate Spade。
彼女が、あらゆるライフスタイルの〈おしゃれであるべきこと〉について書いたスタイルブック!
（左から）「マナー」「スタイル」「おもてなし」
A5判変形・上製　オールカラー　定価各 2,100 円

★お問い合わせ：株式会社ブックマン社
　TEL 03-3237-7777　http://www.bookman.co.jp

時間ができる　お金がたまる　野菜がとれる
今日から使える手抜き冷凍保存手帖

2010年4月6日　初版第一刷発行

著者　　　村上祥子

撮影　　　松本祥孝

「冷蔵庫のおはなし」監修　シャープ株式会社　脇谷浩司

栄養計算　株式会社ムラカミアソシエーツ栄養計算部
　　　　　長友藍子　佐藤恵美　古城佳代子　田村知香

デザイン　長屋陽子
イラスト　スヤマミヅホ
編集　　　藤本淳子　飯村いずみ
編集協力　下村千秋

発行者　　木谷仁哉
発行所　　株式会社ブックマン社
　　　　　〒101-0065　千代田区西神田3-3-5
　　　　　TEL　03-3237-7777
　　　　　FAX　03-5226-9599
　　　　　http://www.bookman.co.jp/

ISBN　978-4-89308-734-8

印刷・製本　凸版印刷株式会社

定価はカバーに表示してあります。乱丁・落丁本はお取替えいたします。本書の一部あるいは全部を無断で複写複製及び転載することは、法律で認められた場合を除き著作権の侵害となります。

PRINTED IN　JAPAN
©2010　Sachiko Murakami, Bookman-sha